Otto Meinardus

Die Succession des Hauses Hannover in England und Leibniz

Ein Beitrag zur Kritik des Dr. Onno Klopp

Otto Meinardus

Die Succession des Hauses Hannover in England und Leibniz
Ein Beitrag zur Kritik des Dr. Onno Klopp

ISBN/EAN: 9783741172212

Hergestellt in Europa, USA, Kanada, Australien, Japan

Cover: Foto ©ninafisch / pixelio.de

Manufactured and distributed by brebook publishing software
(www.brebook.com)

Otto Meinardus

Die Succession des Hauses Hannover in England und Leibniz

Die Succession

des

Hauses Hannover in England

und

Leibniz.

Ein Beitrag zur Kritik des Dr. Onno Klopp

von

Otto Meinardus

Dr. phil.

Oldenburg.

Druck und Verlag von Gerhard Stalling.

1878.

Die Succession

des

Hauses Hannover in England

und

Leibniz.

Ein Beitrag zur Kritik des Dr. Onno Klopp

von

Otto Meinardus
Dr. phil.

Oldenburg.
Druck und Verlag von Gerhard Stalling.
1878.

Meinen Eltern.

Inhalt

Das Fürstengeschlecht der Welfen, seine Jugendzeit, sein Wachstum und Emporstreben in Deutschland und Gross-Britannien, seine mannigfachen Schicksale glänzender und düsterer Art bis zu dem tragischen Ende des Hauses Hannover in Deutschland erregen in hohem Grade das Interesse des Geschichtsforschers.

In den dunklen Zeiten der Völkerwanderung hören wir zum ersten Male den Namen der Welfen. Seitdem Judith zur Gemahlin Ludwigs des Frommen erkoren war, traten sie in die deutsche Geschichte ein und zählten bis zu Heinrich dem Löwen zu den hervorragendsten Gliedern des Reiches. Die kühnen Pläne dieses Fürsten, seine dominirende Stellung im Gebiete des deutschen Nordens und der nordischen Meere wurden durch die kaiserliche Acht vernichtet, seine Lande geteilt.

Noch einmal versuchte Kaiser Otto IV. den Glanz des Hauses herzustellen. Dann war es auf Braunschweig-Lüneburg beschränkt, im Lauf der Jahrhunderte zersprengt und zersplittert; nach dem Westfälischen Frieden traten unter den deutschen Fürsten vier Welfen auf als Inhaber eines Gebietes, das nur einen kleinen Teil der Herrschaft Heinrichs des Löwen ausgemacht hatte.

Am Ende des 17. Jahrhunderts nun wurde der Versuch gemacht, die verschiedenen Landesteile wieder zu vereinigen. Das Haus Hannover, um es gleich mit diesem Namen zu bezeichnen, von der Lüneburgischen Linie, neben der jedoch selbständig noch die Wolfenbüttelsche bestand, war bestrebt diese Einigung zu Stande zu bringen, zugleich aber auch seine Herr-

1

schaft noch weiter im nördlichen Deutschland, offenbar nach dem Vorbilde des grossen Ahnherrn, auszudehnen.

Schon im 17. Jahrhundert hatte diese welfische Politik namhafte Erfolge aufzuweisen, und weitere standen in naher Aussicht.

In dieser Lage der Dinge trat die Frage der englischen Succession an das Haus Hannover heran. Welche Erwägungen mussten sich an dieselbe knüpfen! Da galt es offenbar vor den leuchtenden Strahlen einer Krone den Blick nicht blenden zu lassen, sondern mit praktischer staatsmännischer Klugheit zu überlegen und zu erörtern, welches Verfahren diesem Anerbieten gegenüber einzuschlagen sei.

Es war nun bisher offenbar nicht genügend aufgeklärt, wie weit die hannoversche Politik von persönlichen Sympathien oder Antipathien der hannoverschen fürstlichen Persönlichkeiten getragen, wie weit sie das Resultat einer Reihe von Beratungen war, für welche die Stellung des Hauses Hannover im deutschen Reiche und weiterhin im europäischen Staatensystem die Grund-lage bot.

Diesen zweiten Punkt hatte die Geschichtschreibung kaum berührt und auch über die persönlichen Gesinnungen der deut-schen Fürstenfamilie waren die Ansichten unter den deutschen und englischen Geschichtschreibern von einander abweichende.

Die Kurfürstin Sophia von Hannover, die Tochter des „Winterkönigs" und durch ihre Mutter, Elisabeth Stuart, die Enkelin Jakobs I. von England, seit 1698 Wittwe des Kur-fürsten Ernst August von Hannover, seit der Act of Settlement des Jahres 1701 verfassungsmässig berufene Thronerbin von England nach dem Tode Wilhelm's III. und der Königin Anna, soll sich mit auffallender Gleichgültigkeit [1]) über die voraus-sichtliche Erhebung auf diesen Königsthron ausgesprochen haben. Sie selbst hielt sich für zu alt [2]); ihr Sohn liebe es als Herr-scher aufzutreten und passe darum nicht nach England. Auch jakobitische [3]) Gesinnungen will man bei ihr bemerkt haben; ihr Sohn denke wie sie. [4])

----

[1]) Droysen, Preussische Politik 4¹ S. 252.   [2]) Ranke, Englische Geschichte: Werke Bd. 20 S. 226.   [3]) Ranke a. a. O.   [4]) Droysen a. a. O.

Andererseits wird aber berichtet[1]), dass das Haus Hannover sich dieser Idee von Anfang an mit grosser Begeisterung hingegeben, dass Sophia[2]) nur den Wunsch im Leben gehabt habe, einst auf ihrem Leichenstein die Inschrift eingeprägt zu wissen: „Hier ruht eine Königin.“

Es ist die Frage, woher stammt diese augenscheinliche Discrepanz der Geschichtschreiber? Vielleicht hat man sie ganz besonders dem Mangel an Vollständigkeit des Quellenmaterials zuzuschreiben. Sonst würde man unzweifelhaft den Ursachen jener zur Schau getragenen Gleichgültigkeit nachgegangen sein, würde die Richtigkeit der entgegengesetzten Meinung geprüft haben.

Derselbe Mangel an Quellenmaterial beschränkte dann gleichfalls die Untersuchung über die hannoversche Politik und die persönlichen Gesinnungen der Fürstlichkeiten gegenüber der Succession auf die Zeit, welche der offiziellen Berufung durch König und Parlament folgte, wodurch das Haus Hannover erst Gegenstand der öffentlichen Aufmerksamkeit in England wurde. Und in der Tat sind eine Reihe[3]) von Staatsschriften und Correspondenzen aus der Regierungszeit der Königin Anna publicirt und bearbeitet.

Die Ursprünge der Successionsfrage jedoch blieben dunkel; man war nicht aufgeklärt darüber, wann dem Hause Hannover zuerst Aussichten auf die Krone gemacht worden, und ob man von hannoverscher Seite der blossen Aussicht auf Berufung gegenüber nicht andere Gesinnungen gezeigt und ein anderes politisches Verfahren eingeschlagen hatte, was der Oeffentlichkeit unbekannt blieb, als nachdem die Succession gesetzlich festgestellt war? Vielleicht ist dies der Fall gewesen; und man kann vielleicht annehmen, dass einzelne, falsch verstandene, an die Oeffentlichkeit gelangte Aeusserungen jener Fürstlichkeiten aus der Zeit vor dem Jahre 1701 auch dazu beigetragen haben,

---

[1]) Die englische Geschichtschreibung cf. Klopp, Leibniz Werke Bd. 7 Einleitung S. XX. [2]) Feder, Sophia, Kurfürstin von Hannover im Umriss, Hannover 1810, Seite 107 f. [3]) Macpherson, Hannover papers, London 1775. Kemble, State Papers and Correspondence London 1857. — J. M. Kemble, „Zur Geschichte des Hauses Hannover in England“ in der Zeitschrift des histor. Vereins für Niedersachsen, 1862.

4

jene wenig übereinstimmende Auffassung der Historiker hervorzurufen.

Neuerdings ist nun der oben gerügte Mangel an Vollständigkeit des Materials beseitigt, und eine Untersuchung über politische Haltung und persönliche Gesinnung der hannoverschen Fürstlichkeiten bis zur officiellen Berufung im Jahre 1701 ermöglicht.

Es hat nämlich Dr. Onno Klopp das Archiv und die Bibliothek zu Hannover durchforscht und, da er gefunden, dass Leibniz in dieser Erbfolgeangelegenheit eine wichtige Rolle gespielt, im 7., 8. und 9. Bande der Werke von Leibniz eine Reihe von Briefen und Schriftstücken über die Successionsfrage veröffentlicht. Darunter befinden sich die Correspondenz zwischen Leibniz und der Kurfürstin Sophia, der Briefwechsel beider mit anderen Persönlichkeiten, Denkschriften Leibnizens und Schriftstücke aller Art. In längeren Einleitungen zu diesen Bänden entwickelt Klopp die Ansichten, welche er aus dem Studium dieser Schriftstücke gewonnen hat.

Das Resultat präcisirt er ungefähr in folgenden Worten, Band 8 Einleitung S. XXIX:

„Die Geschicke der Menschen und Völker verschlingen sich oft in wunderbarer Weise. Eine der merkwürdigsten dieser Verschlingungen für die Geschichte nicht blos einer Dynastie, sondern durch ihre Consequenzen von der weitest tragenden Bedeutung für Europa, wird an den nachfolgenden Aktenstücken klar werden. Die Aktenstücke stellen und lösen die Frage, wie es geschehen sei, dass die Kurfürstin Sophia, wider ihre Herzensneigung und nach ihrer ersten Weigerung, hat bewogen werden können einen Schritt zu thun, der dann angesehen wurde wie eine Einwilligung in den Vorschlag der ausdrücklichen Feststellung ihrer Succession und demgemäss der ihrer Descendenz auf den Thron von England."

Danach stellt sich also die Kurfürstin Sophia nicht allein gleichgültig zu dem Anerbieten der Succession, sondern sie ist ganz gegen dieselbe eingenommen, ja, sie schlägt die Annahme ab. Da nun aber doch die geschichtliche Tatsache feststeht, dass das Haus Hannover in England regiert, so muss ein ganz besonderer Umschlag in ihrer Stimmung oder ein aussergewöhnliches Ereignis erfolgt sein.

Klopp hat das Zweite gefunden; das Ganze nennt er dann mit Recht eine „Verschlingung." Die Kurfürstin schreibt nämlich an König Wilhelm III. von England, in irgend einer Beziehung[1]) zur Succession „einen Brief, der eine Frage enthält. Sie glaubt nach der erfolgten Antwort erst einen Entschluss fassen zu sollen." Wilhelm III. jedoch, der sich in grosser politischer Not befindet, sieht keinen andern Rettungsweg derselben zu entgehen, als wenn er diesen Brief der Kurfürstin als eine Zustimmung zu der Festsetzung der Succession für das Haus Hannover betrachtet, die aber mit dem Briefe nicht gegeben sein soll. Daraufhin lässt er durch das Parlament wider den Willen der Kurfürstin diese zur Erbfolgerin erklären, mit ihrer Descendenz. Die Kurfürstin „musste nun annehmen mit allen Consequenzen der Annahme für sich und für ihr Haus."

Nach diesem Ergebnisse Klopp's ist also das Haus Hannover wider seinen Willen auf den Thron von Gross-Britannien gelangt.

Wenn man diesen Schluss zieht, kann man doch nicht umhin einige Zweifel zu hegen, ob hier Klopp sich nicht geirrt habe.

Nach dieser Auseinandersetzung möchte vielleicht die Berechtigung einer kritischen Untersuchung der ganzen Frage nachgewiesen sein. Allein noch ein anderer Umstand muss zur Erwähnung kommen.

Es hat nämlich Klopp seit zwei Jahren begonnen ein Werk zu schreiben, das er betitelt „Der Fall des Hauses Stuart und die Succession des Hauses Hannover in Gross-Britannien und Irland, im Zusammenhange der europäischen Angelegenheiten von 1660—1714." Die bis jetzt erschienenen 6 Bände behandeln die Geschichte dieser Zeit bis zum Jahre 1694.

Es könnte nun dieser Abhandlung gegenüber der Vorwurf erhoben werden, es hätte die Vollendung jenes Werkes abgewartet werden sollen, da doch voraussichtlich in demselben eine ausführlichere Entwicklung der historischen Ansichten und Ergebnisse Klopps zu finden sei, als etwa nur in beschränkten Einleitungen zu Correspondenzen und Actenstücken.

---

[1]) cf. unten S 92. 87.

Dagegen lässt sich erwidern, dass für Klopp zu jener historischen Arbeit gerade die Grundlage jene Schriftstücke in Leibniz' Werken bilden. Er sagt in der Einleitung:

„Die Anregung zu dieser geschichtlichen Arbeit über den Fall des Hauses Stuart und die Succession des Hauses Hannover auf den Thron von Gross-Britannien und Irland, ist mir erwachsen aus dem Besitze der Papiere von Leibniz, nämlich aus der Kenntnis der Einwirkung, welche dieser Gelehrte, Freund der Kurfürstin Sophie von Braunschweig-Lüneburg im Beginne des Jahres 1701 auf diese Fürstin geübt hat für die Nichtablehnung des Antrages der englischen Succession. Ich habe die betreffenden Aktenstücke und die fernere Correspondenz zwischen Leibniz und der Fürstin über diese Angelegenheit veröffentlicht in meiner Ausgabe der Werke von Leibniz, Band VIII. u. IX." —

Wenn nun auch für Klopp noch dazu kam „die Kenntnis vieler Papiere Robethon's, welcher zuerst lange Jahre als Sekretär im Dienste Wilhelms III, von 1705 an in Hannover vortragender Rath war, über die Angelegenheit der englischen Succession," und „als eine ausgiebige Quelle das bisher in dieser Richtung noch wenig ausgebeutete k. k. Haus-, Hof- und Staats-Archiv in Wien," so wird sich doch im Laufe der Untersuchung ergeben, dass jene in den Werken von Leibniz enthaltenen Aktenstücke dem Zwecke der kritischen Untersuchung der Ansichten Klopp's über die Successionsfrage in ihrem Verlaufe bis zum Jahre 1701 genügen werden.

Endlich aber würden in dieser Abhandlung, falls jenes Werk bereits vollständig erschienen wäre oder mittlerweile der Oeffentlichkeit übergeben würde, doch nur jene Einleitungen im 8ten und 9ten Bande der Werke von Leibniz und die betreffenden Aktenstücke zum Ausgangspunkt und zur Grundlage der folgenden Erörterungen genommen sein, lediglich um zu prüfen, ob Klopp jene strenge Objektivität gewahrt hat, wovon er Band I. der Leibnizischen Werke S. XXIII der Einleitung sagt:

„Die Aufgabe der Thätigkeit des Herausgebers wird es sein, die Gedanken von Leibniz zu geben, wie sie sind und dabei selber so wenig wie möglich sich bemerklich zu machen. Sie wird dagegen bestrebt sein über den Zweck und Plan der grösseren Arbeiten von Leibniz jede wichtige Aeusserung von ihm selbst oder auch von seinen Vertrauten und Freunden, durch welche Aeusserungen auf jene Schriften selbst oft ein helles Licht geworfen wird, anfzusuchen und an die richtige Stelle zu setzen. Sie wird endlich nicht unterlassen dürfen, auch anderes thatsächliches Material, Urtheile und Meinungen der Zeitgenossen von Leibniz herbeizuschaffen, insoweit dieselben für das Verständniss der Schriften von Leibniz von erheblichem Werte sind."

Freilich hat die Kritik bisher über Klopp recht herbe Urteile gefällt. So vergleiche man „Möhlmann, Kritik der Friesischen Geschichtschreibung überhaupt und der des Dr. O. Klopp insbesonders. Emden 1862," wo unter Anderem S. 204 f. gesagt wird:

„Ueber seine Art Archive zu benutzen, haben wir uns bereits dahin ausgesprochen, dass von ihm nur sehr wenig erwartet werden dürfe (S. 166 ist nachgewiesen, dass er ein wichtiges Archiv höchst einseitig benutzt hat), wie viel? kann schon nicht mehr zweifelhaft sein, da nachgewiesen ist, dass er sogar gedruckte deutsche Bücher nicht einmal immer richtig ausschreibt. Es kommt aber noch hinzu, dass er sich nicht entblödet durch seine eigenen Nachweisungen den unumstösslichsten Beweis gegen sich selbst zu führen, dass er auch die bekanntesten Quellen nicht gelesen hat, obgleich er stets mit Sicherheit auf sie sich beruft."

Ferner S. 222 „Ausserdem verliert seine kaum nennenswerte Glaubwürdigkeit vollends allen Halt, seitdem er und zwar schon im zweiten Bande (es ist die „Ostfriesische Geschichte" Klopps gemeint) als entschiedener Parteimann glänzt, der seinen ausgedehnten Meinungen alles unterzuordnen weiss!"

Aehnlich sagt Ludwig Häusser „Zur Beurtheilung Friedrichs des Grossen. Sendschreiben an Dr. Onno Klopp. Heidelberg 1862." S. 6 „Es war lediglich die Art und Weise, wie Sie mit dem historischen Stoffe umgeben, was meine Kritik hervorgerufen hat. Die Willkür, womit Sie aus einem grossem Gebiet nach Belieben das herausgreifen, was Ihnen zur polemischen Bemängelung geeignet scheint, und den historischen Zusammenhang der Dinge mit subjectiven Herzensergiessungen verwirren, schien mir dem Zweck und der Würde der geschichtlichen Darstellung gleichmässig zu widersprechen."

Von diesem Standpunkt aus erscheint auch jene „Verschlinguug" der Verhältnisse im Jahre 1701, die noch verschlungener wird, wenn Klopp, wie wir S. 6 bemerkt, behauptet, Leibniz habe eine Einwirkung auf die Kurfürstin geübt den Antrag der Succession nicht abzulehnen, während sie S. 4 oben geradezu sich ablehnend verhält, höchst verdächtig.

Sollte Klopp auch hier, wo es sich doch nur darum handelt die vorliegenden gedruckten Aktenstücke, welche eine geschichtliche Frage erläutern sollen, durch passende Erklärungen einzuleiten, einen absichtlichen Irrtum begangen haben?

Dei der Betrachtung dieser Frage ist nicht zu entscheiden ob Klopp das Material aus den Manuscripten richtig und vollständig wiedergegeben, da dieselben nicht zur Hand waren, wohl aber zu untersuchen, in welcher Weise er das Vorliegende benutzt hat, um zu seinen Schlüssen zu gelangen.

Um dieser Anforderung gerecht zu werden, mag zuerst mit wenigen Worten hingewiesen sein auf die Bedeutung der Succession des Hauses Hannover in England sowohl für England als für das Haus Hannover selbst.

Anmerkung. Als die Arbeit in den Druck gegeben werden sollte, kam uns erst das neuerdings erschienene Buch vom Staatsrat Schaumann zu Händen. „Geschichte der Erwerbung der Krone Grossbritanniens von Seiten des Hauses Hannover. Hannover 1876." Doch bringt dasselbe in Bezug auf diese Abhandlung nichts wesentlich Neues. Der Verfasser entspricht in demselben nicht den Erwartungen die man nach dem Titel zu urteilen hegen durfte. Dürften wir uns wohl die Frage erlauben, weshalb derselbe noch immer sich nicht entschliessen kann, anstatt der falschen Schreibweise: Leibnitz, die richtige: Leibniz zu setzen?

Historische und rechtliche Grundlagen der hannoverschen Succession in England.

In einem Briefe an die Kurfürstin Sophia vom Herbst des Jahres 1700 spricht der als Gesandter am Berliner, Dresdener und Wiener Hofe bekannt gewordene englische Diplomat[1]) Stepney den Gedanken aus, dass es den Anschein haben könne, als neige man in England zum Republikanismus. Er sagt: „Das Unglück, das die Engländer seit der Zeit Karls I. und Jakobs II. erlitten haben und die übertriebene Neigung zur Freiheit, die wir immer merken lassen, können vor allen Dingen fremde Beobachter zu dem Glauben verleiten, als hätten wir im Allgemeinen einen Widerwillen gegen die Monarchie als solche, und als wenn unsere natürliche Neigung zu Neuerungen uns leicht fortreissen könnte noch jetzt zu versuchen, ob es nicht ein Mittel gäbe, eine Republik auf so solider Grundlage zu errichten, dass der Ehrgeiz eines einzigen Mannes nicht im Stande wäre sie umzustürzen, wie Cromwell es getan hat."

„Aber," fährt er dann fort, „abgesehen von unserer gewöhnlichen Leichtfertigkeit und den Kunstgriffen von Unglücklichen (die nur bei öffentlichen Umwälzungen ihr Glück zu machen hoffen) wage ich zu versichern, dass, soweit ich die Natur der Engländer kenne, dieselbe in keiner Weise republikanischen Principien geneigt ist. Das System unserer Gesetze

---

[1]) cf. unten S. 65 ff. Die meisten in der Arbeit vorkommenden Briefe und Citate sind aus dem Französischen, einige aus dem Englischen übersetzt.

ist dem geradezu entgegengesezt." Das Königtum ist auf keine
Weise zu ersetzen; die es umstürzen wollen, sind nur zwei
extreme Parteien.

Dieses Urteil des englischen Diplomaten muss als ein
richtiges anerkannt werden.

Er weist hin auf die grossen Verfassungskämpfe, welche
England im 17ten Jahrhundert durchtobten, denen in der
Rebellion Karl I., in der glorreichen Revolution das ganze
Haus Stuart weichen musste.

Der Gang der englischen Verfassungsgeschichte zeigt uns,
dass diese Kämpfe nicht gegen das Königtum als solches
gerichtet waren, nicht auf die Beseitigung der Monarchie war
das revolutionäre Ringen der Zeit bedacht, sondern lediglich
auf den Sturz der Dynastie der Stuarts war es abgesehen, eines
Königtums, das seine monarchische Stellung nicht verstehen
lernen wollte.

Die Elemente nämlich, welche sich zum Kampfe gegen die
Krone zusammenfanden, waren nicht etwa Massen des Volkes,
die sich unter Führung von Demagogen in den Besitz der
Herrschaft zu setzen suchten, sondern die ersten Gesellschaftsklassen Englands, welche das Königtum, da es seine Sphäre
überschritt, innerhalb der verfassungsmässigen Schranken zu
binden gedachten. Sie verlangten als ihr historisches Recht
die Beteiligung an der Regierung des Staates; und da die
Stuarts ihnen dasselbe verweigerten, so entstand jener Kampf.
Derselbe handelte sich also darum, „ob die Summe der
Regierungsgewalt dem jedesmaligen Inhaber des Thrones eigne,
oder ob die gesetzliche Regierung des Landes erst durch das
Zusammenwirken der Krone mit den beiden Häusern des
Parlamentes werde."[1])

Im Grunde genommen eine Bewegung, die sich durch die
ganze englische Geschichte hindurchzieht. Sie wurzelt in dem
altgermanischen Grundsatze, nach dem der König bei der
Gesetzgebung und Regierung seines Landes an die Zustimmung

---

[1]) v. Noorden. Europäische Geschichte im 18. Jahrhundert
I.¹ S. 51. Düsseldorf 1870. Im Uebrigen cf. Gneist, das heutige englische Verfassungs- u. Verwaltungsrecht. Berlin 1857—63,

der Landesversammlung aller freien Eigentümer gebunden ist,
die andererseits zugleich durch ihre persönlichen Leistungen die
Bedürfnisse des Gemeinwesens decken.

Wie dieses Princip im Laufe der Jahrhunderte einer
grossen Veränderung unterliegt, wie die Gemeinfreiheit schwindet
und das Königtum vergeblich versucht die Rechte und Freiheiten
der Schwächeren gegen die Unterwerfung unter die Gewalt der
Stärkeren und Mächtigeren zu schützen, bis endlich die Krone
selbst von der Vergabung der grossen Thane abhängig wird,
das zeigt die angelsächsische Periode der englischen Geschichte.

In dieser Verwirrung der sozialen, politischen und recht-
lichen Verhältnisse des Reiches ergriff Wilhelm der Eroberer,
nachdem seiner gewaltigen Persönlichkeit das ganze Land zu-
gefallen war, mit kräftiger Hand das Staatsruder.

Durch ihn und seine Nachfolger ist der Grund des
englischen Staatsgebäudes gelegt; diese Periode ist als der
Ausgangspunkt der eigentümlichen politischen Entwicklung Englands zu bezeichnen.

Und das Karakteristikum dieser Entwicklung, welche die
Plantagenets und besonders Eduard I. und III. weiter führten
und zur parlamentarischen Verfassung vollendeten, liegt in dem
Umstande, dass am Ende das Königtum es ist, welches sich
veranlasst sieht die Initiative zur Berufung von Vertretern aller
besitzenden Stände des Landes zu ergreifen, und auf diese
Weise von ihrer Zustimmung eine Reihe von Regierungshandlungen abhängig zu machen.

So taucht das constitutionelle germanische Princip, welches,
wie wir oben sahen, die Krone an die Zustimmung der Landesversammlung band, hier wieder auf, aber auch hier nicht ohne
von Seiten der Berufenen persönliche Pflichten zu beanspruchen.

Für die Mitwirkung des Parlaments an der Gesetzgebung
und Regierung des Staates forderte derselbe auch eine Leistung
in seinem Dienste. Nur gleiche Pflicht begründet gleiches
Recht. So entstand in demselben Jahrhundert mit dem Unterhause und der Parlamentsverfassung das Selfgovernment in
England. In den Verbänden der Grafschaften ward jedem
Gliede des Staats das auf Grund seines Besitzes zu einer

politischen Leistung befähigt war, der geeignete Kreis der Selbsttätigkeit im Dienste des Staates angewiesen.

Aber der Entwicklungsgang dieser constitutionellen Regierungform hatte im 15. Jahrhundert durch eine gewaltsame Unterbrechung zu leiden.

Die grossen Adelsgeschlechter nämlich, welche während der französischen Kriege in den Besitz einer militärischen Macht gelangt waren, wussten das schwache Königtum zu verdrängen.

Der Kampf der Rosen um die Krone gestaltete sich nun zu einem grauelvollen Bürgerkriege, welcher am Ende den Ruin der ganzen Baronialmacht und die Reaction von Seiten des Königtums herbeiführte. Ja, es ward die jetzt restaurirte Königsgewalt der Tudors nicht nur eine starke und einheitliche, die Monarchie erhob sich sogar zu einer nahezu absoluten Höhe.

Hierzu trugen verschiedene Umstände wesentlich bei. Einmal kam der Krone die nach Ruhe und gesetzmässigen Zuständen bedürftige Gentry, die städtische Bürgerschaft und die landsässige Ritterschaft, voll Vertrauen entgegen und beugte sich unter ihre Autorität.

Ein zweites Moment für ihre Machtsteigerung lag in der geschickten, den Beifall der Nation erwerbenden auswärtigen Politik dieser Tudor-Dynastie und in der Beförderung ebensowohl des materiellen Wohlstandes als der geistigen Entwicklung des englischen Volkes.

Zu einer noch grösseren Bedeutung für die Stärkung des Königtums gereichte aber die religiöse Bewegung des Jahrhunderts.

Die Reformation trat ein. Anfangs ohne Bezug auf dogmatische Veränderungen, versuchte das Königtum der Tudors die Kirche, welche bisher mit einer eigenen Beamtenwelt, Gerichtsbarkeit und fremden Oberherrlichkeit der nationalen Selbstregierung widerspruchsvoll gegenübergestanden hatte, als organisches Glied in den Staat einzufügen. Dies geschah dadurch, dass das Staatsoberhaupt selber an Stelle des fremden geistlichen Oberherrn trat.

Mit dieser kirchlichen Suprematie erhielt nun der König, während im Bereiche des weltlichen Staats seine Regierung an die Verfassung gebunden war, die absolute Herrschaft im Bereiche alles Kirchlichen; durch einen geistlichen Gerichtshof und geistliche Beamte den ganzen grossen Zuchtapparat des römischen Kirchenoberhauptes, im Ganzen eine bedeutende Machtstellung.

Diese Höhe der Situation, zu welcher die Tudors sich gehoben sahen, wussten sie aber auch in richtiger Weise zu schätzen und zu benutzen.

Bei aller Willkür und Unumschränktheit regierten sie doch innerhalb der parlamentarischen Verfassung.

Es ist nun zu beachten, dass die Stuarts eigentlich nur auf dem Wege der Tudors fortschritten, wenn sie, namentlich analog ihrer kirchlichen Suprematsstellung, sich ganz von der parlamentarischen Beschränkung zu befreien gedachten.

Die Feststellung dieser Unabhängigkeit würde ihnen bis zu einem gewissen Grade gelungen sein, wenn sie in gleicher Weise die nationale Politik ihrer Vorgänger fortgeführt, wenn sie die rechtlich gefestigten Grundlagen des englischen Selfgovernement anerkannt, wenn sie die religiöse Bewegung der Zeit gefördert hätten.

Dies eben war nicht der Fall.

Der ritterliche Karl I., im Vollgefühl seiner königlichen Würde, versuchte sich von der finanziellen Abhängigkeit des Parlamentes zu befreien und nach dreimaliger Auflösung desselben eilf Jahre hindurch als absoluter König zu regieren.

Und wie er in seiner auswärtigen Politik eine Verbindung mit den katholischen Mächten suchte, so hielt er auch im Innern eine katholisirende Richtung der Kirche für unerlässlich, eben um die absolute Gewalt des Thrones zu sichern, anstatt durch die Vermittelung des Gegensatzes zwischen den Ansprüchen des geistlichen Standes und den Rechten des Parlamentes lieber zur Befestigung der Nationalkirche beizutragen.

Gegen diese Willkür und das „göttliche Recht" der Krone erwachte nun aber einmal die parlamentarische Opposition, sodann ganz besonders die religiöse; und in den Kämpfen, die sich bis zum Ausgange des Jahrhunderts hinziehen, sehen wir beide zu Zeiten vereint gegen das Königtum, zu Zeiten getrennt auch gegen sich selbst das blutige Banner des Bürgerkriegs entfalten.

Im Verlaufe des Kampfes gegen Karl I. überholte die religiöse Opposition die des Parlaments, welche ratlos ist, wie weit sie gegen den König vorgehen soll. Denn wie gewöhnlich religiöse Bewegungen, sobald sie das sozial-politische Gebiet berühren, eine extreme Richtung anzunehmen pflegen, so auch hier.

Vor dem wesentlich aus Separatisten und Independenten zusammengesetzten Heere, das alsbald auch gegen den Presbyterianismus Front macht, fällt das Königtum.

Die Folge davon war, dass nun auch die regierenden Klassen aus ihrer verfassungsmässigen Stellung gedrängt wurden.

Als Kirche und Königtum, ja die alte Parlaments- und Grafschaftsverfassung ausser Kraft gesetzt worden, seufzte das Land unter der Willkür einer Militärdictatur.

Indess so glänzend auch die Regierung Cromwells sich gestaltete, zu fest waren die alten Verfassungsinstitute begründet, als dass nicht nach dem Tode dieser gewaltigen Persönlichkeit sich alsbald eine lebhafte Reaction geltend gemacht hätte.

Durch die Restauration gelangte das legitime Königtum, herbeigesehnt vom ganzen Lande, wieder zur Regierung; mit ihm rückte die englische Kirche, nobility und gentry, in ihre alten Stellungen wieder ein.

Jetzt konnte eine wahrhaft constitutionelle Regierung des Landes erfolgen.

Dies geschah aber nicht.

Es war wieder das Königtum, das seiner Aufgabe nicht gerecht zu werden wusste.

Wieder ist es die Leichtfertigkeit der äussern Politik, welche sich sogar nicht scheut, wichtige Landesinteressen gegen klingende Summen Preis zu geben. Auch den parlamentarischen Widerstand versuchten Karl II. und Jakob II. zu brechen, ja sogar den Bau des Selfgovernment zu erschüttern; und anstatt die unnachsichtliche Verfolgung der Andersgläubigen durch die Anhänger der anglikanischen Kirche zu seinen Gunsten, nämlich durch den Schutz der Verfolgten, auszubeuten, ist dieses Königtum so verblendet, dass es vielmehr auf den Sturz der anglikanischen und die Wiedereinführung der katholischen Kirche, neben welcher der Parlamentarismus schwerlich hätte gedeihen können, bedacht ist.

Gegen diese Uebergriffe der Krone erhoben sich nun aber die vereinten religiösen und politischen Elemente, um durch gesetzliche Sanctionirung ihrer historischen Rechte ein für allemal die königliche Prärogative in bestimmte Schranken zu bauuen.

Es waren die Vertreter der die Selbstverwaltung des Staates ausübenden ersten Gesellschaftsklassen Englands, welche in der declaration of rights des Jahres 1689 ihre Rechte fixirten und die parlamentarische Regierung in England aufrichteten.

Dieses Parlament nun finden wir seit den achtziger Jahren des Jahrhunderts gespalten in zwei Parteien, die durch die verfassungsbildenden Ideen der ganzen Reformations- und Revolutionsepoche ihren eigentümlichen Karakter erhielten, der aus ihren Doktrinen ersichtlich ist.

Sie nannten sich · mit gegenseitigen Spottnamen Tories und Whigs.

Nicht mit wenigen Worten lässt sich ihr Parteiprogramm entwickeln, · doch mag es vielleicht wesentlich in Folgendem ausgedrückt sein.

Sowie der Presbyterianismus in seiner Verfassung das Prinzip der Selbstverwaltung gegenüber der Verwaltung und Zucht der Hierarchie ausgesprochen hatte, so erstrebten die Whigs die Freiheit der religiösen Ideen. Dazu vertraten sie im Staate das Prinzip der Regierung des Parlaments. Sie verfochten die Unantastbarkeit der parlamentarischen Rechte und betonten das Widerstandsrecht gegen verfassungswidrige Eingriffe des Königtums.

Die Partei der Tories hingegen enthielt die strengen Anhänger der anglikanischen Kirche und des durch dieselbe und die Verfassung bedingten Königtums. Sie bestanden auch auf die Freiheiten des Parlaments, die Selbstverwaltung des Landes. Aber da alles Recht der höhern Stände ihnen ein Ausfluss des Königtums und der Kirche war, so lautete ihr Wahlspruch: „church and crown" und „no resistance."

Nun griffen die Stuarts Kirche und Selbstverwaltung an; dies bewirkte, dass sich die Parteien des Widerstandes und Nichtwiderstandes vereinten zum Sturze dieses Königtums mit Hülfe eines herbeigerufenen Fürsten.

Der legitime König flüchtete; die Convention erklärte die Vakanz des Thrones und erhob ein neues Königtum auf denselben.

Obwohl darauf, wie oben gesagt, die Unverletzlichkeit der ständischen Rechte sanctionirt war, obwohl im Jahre 1689 alle bisherigen Ueberschreitungen der königlichen Prärogative als ungesetzliche hingestellt worden, blieben doch die Parteien des Parlaments nicht bei dieser einmaligen Beschränkung der Krone stehen.

Es wird sich unten ergeben, dass die Regierung Wilhelms III. unter stetigen Angriffen des Parlaments gegen das Königtum verlief, bis am Ende derselben die parlamentarische Regierung völlig gefestigt war, und die Krone an ihrer persönlichen Geltung dauernd Abbruch erfuhr.

Der Sieg dieser parlamentarischen Regierung war nur möglich gewesen durch die Vertreibung des legitimen Königtums. Es war Sache des Parlaments dem neuen Königtum die verfassungsmässigen Garantien für seine Existenzberechtigung zu geben, in seinem eigenen Interesse demselben wenigstens die Prärogative zu verschaffen und zu erhalten, die später fast die einzige war, die es noch besass, nämlich die, successionsfähig und erblich zu sein.

Denn welche Wirren musste der Tod des neuen Königs oder das Erlöschen einer Dynastie, die man zur Nachfolge zu berufen gedachte, anrichten in dem Staatsleben, wie es sich jetzt gestaltete. Die beiden Parteien, welche sich zum Umsturz und zur Wiederaufrichtung der Monarchie verbunden hatten, wurden jetzt zu einer Mittelpartei, an deren Enden extreme Richtungen üppig aufspriessten. Unter den Tories die Jakobiten, welche das legitime Königtum zurückzuführen gedachten, — die extremen Whigs wollten überhaupt nichts von einem Königtum wissen, ihr Ideal war die Republik.

Diese Lage der Dinge nötigte das Parlament die Successionsverhältnisse der Krone zu fixiren.

Dies geschah einmal schon in der declaration of rights des Jahres 1689, sodann in weiterer Ausdehnung in der Act of Settlement des Jahres 1701.

Gerade bei den Beratungen des Parlaments über diese Angelegenheit im Jahre 1689 traten die Differenzen der Parteien scharf zu Tage. Verweilen wir daher einen Augenblick bei der Betrachtung dieser Verhandlungen.

Schon in den Debatten der Convention über die Erledigung des Thrones und die Erhebung des Prinzen von Oranien auf denselben war es zu lebhaften Erörterungen der verschiedenen Ansichten der Parteien gekommen. Einig war man in der Erklärung über die Absetzung Jakobs II. und einer weiteren, die folgendermassen lautete:

„Die Erfahrung habe gezeigt, dass es mit der Sicherheit und der Wohlfahrt dieses protestantischen Königreiches unverträglich sei von einem papistischen Fürsten regiert zu werden."[1])

Bei der Feststellung der Modalität der Erhebung des Prinzen von Oranien dagegen differirte man bereits.

Die Tories, die nach ihrer Doktrin durch die Zustimmung zum Sturz des legitimen Königtums sich etwas vergeben hatten, suchten nun in allen Fragen, die den Thronwechsel betrafen, möglichst die nächsten verwandschaftlichen Grade des früheren Königtums strengrechtlich zu berücksichtigen.

Zuerst dachten sie gar an eine Regentschaft des Prinzen im Namen Jakobs II.[2]) Später schlugen sie vor, die Krone an die Prinzessin von Oranien, die nächste protestantische Erbin als älteste Tochter Jakobs II., zu übertragen; sie könne dem Prinzen, ihrem Gatten, so viel Anteil an der Regierung überlassen, als ihr gut scheine; — aber was sollte geschehen, wenn sie vor ihrem Gemahl das Zeitliche segne? — Auch der Prinz selbst verwahrte sich dagegen; er wollte nicht Diener seiner Gemahlin sein.

Die Whigs erklärten dagegen, das Volk habe das Recht die Krone zu vergeben; der Prinz solle sie allein erhalten, ohne dass man auf das nächste Erbrecht Rücksicht nähme.

Man einigte sich schliesslich dahin dem Prinzen und der Prinzessin zusammen die Krone zu übertragen.

Diese Beschlüsse nahm das aus der Convention sich bildende Parlament auf.

---

[1]) Ranke, Werke Bd. 19, S. 262. Leipzig, 1871. [2]) Ranke, ibid. S. 266 f.

Dasselbe fügte dann aber noch folgende Bestimmungen, die wir sowohl in der declaration of rights von 1689 als der Act of Settlement von 1701 verzeichnet finden, hinzu.

Es solle dem Prinzen und der Prinzessin die Regierung nicht allein zusammen übertragen werden, sondern gleich von vorneherein demjenigen von beiden, der den Andern überleben würde; sollte sich dann der Prinz noch einmal vermählen, so würden die event. Kinder für erbfähig erklärt, jedoch erst nach den Kindern der Prinzessin Anna, der zweiten Tochter Jakobs II., denen diese selbst im Regiment vorangehen solle.[1]

Katholiken wurden für unfähig erklärt zu erben, zu besitzen oder zu geniessen die Krone und Regierung des Königreiches; „es soll die Krone und Regierung des Reiches beerbt und besessen werden von einer solchen Person oder solchen Personen, die Protestanten sind, in derselben Weise, als dieselbe beerbt und besessen war von einer Person oder von Personen, die nun, weil sie in oben genannter (der katholischen) Religion das Abendmahl genommen, geheiratet haben oder überhaupt dieselbe bekennen, für natürlich todt gehalten werden."[2]

Es war damit gesetzlich festgestellt, dass nach bem Tode der bisher für die Erbfolge namentlich bezeichneten Fürstlichkeiten der Thron an die nächste erbberechtigte protestantische Persönlichkeit gelangen solle.

Nachdem nun auf diese Weise die Erbfolge der Krone gesetzmässig, wie es an anderer[3] Stelle von Stepney bezeichnet wird, „in den richtigen Kanal geleitet" war, frägt, es sich wer war diese zunächst erbberechtigte protestantische Fürstlichkeit, auf die oben hingedeutet war?

Bei der Untersuchung dieser Erbrechtsfrage ist vor allen Dingen das Moment ins Auge zu fassen, dass das englische Parlament durch die declaration of rights nicht etwa ein neues Fürstengeschlecht an Stelle des vertriebenen auf den Thron berief, sondern dass nur die katholische Linie der Stuarts der protestantischen weichen musste.

---

[1] Bill of rights, 1689, bei Stubbs, select charters of English constitutionell history. S. 526, II. 3. Aufl. 1876. [2] Bill of rights, ibid. S. 527, IX. u. Act of Settlement 1700, ibid. S. 528. [3] cf. unten S. 94.

Innerhalb dieser Linie musste der nächste Grad der Verwandschaft mit dem letzten Inhaber des Königtums für die Erbfolge den Ausschlag geben.

Nun war Jakob II., der letzte König abgesetzt; seine zwei lebenden Töchter Marie und Anna, von denen die erste kinderlos war, die letztere bisher keins ihrer zahlreichen Kinder hatte am Leben erhalten können, zur Succession berufen, sein Sohn aus einer zweiten Ehe, von dem man ausserdem verbreitet hatte, er sei ein untergeschobenes Kind, ausgeschlossen, weil er in der katholischen Religion getauft und erzogen wurde.

Karl II., Jakobs älterer Bruder hatte keine legitimen Nachkommen hinterlassen; der Sohn der nächstälteren Schwester des vertriebenen Königs war Wilhelm III., König von England; eine zweite Schwester, Henriette, war mit dem Herzoge von Orleans vermählt gewesen; ihre Tochter Anna Marie, die Gattin des Herzogs von Savoyen gehörte nebst ihrer Descendenz der römisch-katholischen Kirche an.

Es blieb also von der Nachkommenschaft Karls I., die damit erschöpft ist, keine Person für die weitere Limitation der Erbfolge übrig.

Der Erbgang schreitet nun weiter zur Descendenz der Geschwister dieses Königs.

Jakob I. hatte seine einzige Tochter Elisabeth dem unglücklichen Friedrich V. von der Pfalz, dem „Winterkönige" vermählt.

Von den dreizehn Kindern dieses Paares waren nur noch wenige am Leben. Offenbar entschied für ihr Successionsrecht die Erstgeburt; und eine noch lebende Tochter des ältesten Sohnes der Elisabeth Stuart musste im Erbrecht ihren Oheimen oder Tanten, die jüngere Geschwister ihres Vaters waren, vorangehen.

Dies Verhältnis illustrirt die Tochter Karl Ludwigs von der Pfalz, Elisabeth Charlotte, jene aus den Ursprüngen des grossen Pfälzischen Krieges von 1688—1697 und besonders durch ihre reiche hinterlassene Correspondenz mit hervorragenden Persönlichkeiten ihrer Zeit bekannte Gemahlin des Herzogs von Orleans. Sie war protestantisch erzogen, jedoch mehrere Wochen nach ihrer Vermählung vielleicht wider Willen[1]),

---

[1]) Klopp, Fall des Hauses Stuart, 4, S. 473 f.

2*

übergetreten zur römisch-katholischen Kirche. Sonst wäre sie mit Fug und Recht zunächst erbberechtigt gewesen für den englischen Thron nach der Prinzessin Anna.

Von den übrigen Descendenten der Elisabeth Stuart waren mehrere Söhne und Töchter teils unvermählt gestorben, teils mit Hinterlassenschaft katholischer Erben. Am Leben war noch Luise Hollandine, Achtissin des Klosters Maubuisson bei Paris und die protestantische Sophia, seit 1658 vermählt mit Ernst August von Hannover, der seinem Hause den Kurhut erwarb.

Von der reichen Nachkommenschaft dieses Paares waren die meisten Kinder namentlich aber der älteste Sohn Georg Ludwig im protestantischen Glauben erzogen.

Diese hannoversche Fürstin war demgemäss die nächste erbberechtigte protestantische Fürstlichkeit für den englischen Thron nach jenen oben angeführten Personen.

Und in der Tat ist dieses Verhältnis bereits im Jahre 1689 im Parlament zur Sprache gekommen; es ist daher nötig wegen der Bedeutung, welche dieser Umstand für den weiteren Verlauf der Untersuchung haben wird, die Tatsachen hier in Kurzem zu berühren.

In der ersten Parlamentssession dieses Jahres nämlich ist über die namentliche Bezeichnung eines Thronerben nach den genannten Personen verhandelt worden. Offenbar im Hinblick auf die Bedeutung dieses Punktes für die Sicherung der Constitution Englands anscheinend auf Wunsch des Königs[1]) sind am 9./19. Mai im Oberhause als die nächsten in der Erbfolge nach der Prinzessin Anna in einer eingebrachten Bill die Herzogin Sophia von Hannover und ihre Nachkommschaft genannt; dagegen ist im Unterhause die Notwendigkeit dieser Nennung nicht anerkannt worden.[2])

Es war die Partei der Whigs, die im Hause der Gemeinen die Majorität hatte.

Der Hauptgrund für ihr ablehnendes Verhalten „es sei nicht notwendig den Vorschlag des Oberhauses anzunehmen, da noch manche Personen in der geraden Linie der Succession

---

[1]) Burnet, history of my own times, 4, 27. [2]) The History of the House of Commons, II., 833. London 1741.

vorhanden wären, die eventuell convertiren könnten," ward von der Gegenpartei [1]), der Diplomatie [2]) und Geschichtschreibung nur als Heuchelei angesehen. Das eigentliche Motiv dieser Partei, sagte man, bestände in dem Wunsche, mit dem Tode der Prinzessin Anna die Monarchie erloschen zu sehen und freies Feld zum Aufbau einer Republik zu erhalten.

Dies Motiv, das vielleicht nur in den Köpfen weniger Doktrinäre spukte, der ganzen Partei unterzuschieben, kann man wohl ruhig dem Parteihasse zuschreiben, denn augenscheinlich waren es viel näher liegende Ursachen, welche dieselbe zum Abgeben dieses Votums bestimmten.

Wenn es nicht ein erstes Zeichen des Widerstandes gegen die Meinung des vom Parlament gesetzten Königs war, so übte ohne Zweifel einen gewissen Einfluss die Länge der Zeit, auf die hinaus die Succession bereits geregelt war, und nicht viel weniger die Unbekanntschaft mit der fremden hannoverschen Fürstenfamilie. Endlich stand die Niederkunft der Prinzessin Anna nahe bevor.

Man versuchte die Bill noch in amendirter Form durchzubringen; — aber allen theoretischen Streitigkeiten machte die am 27. Juli des Jahres erfolgte Entbindung der Prinzessin von einem Sohne, dem Herzog von Gloncester, vorläufig ein Ende. Wir werden sehen wie der Tod dieses Prinzen am 30. Juli 1700 die Successionsfrage wieder belebte und wenden uns jetzt zu unserer eigentlichen Aufgabe.

[1]) Burnet a. a. O., 4, 28. [2]) Bericht des österreich. Residenten zu London, Hoffmann, nach Wien am 29. Juli, bei Klopp, Fall des Hauses Stuart, 4, 483.

Politische Stellung und Verhalten des Hauses Hannover gegenüber der englischen Succession im Jahre 1688/89.

Wenn man die englischen Staatsverhältnisse ins Auge fasst, wie sie sich bis zum Ende des 17ten Jahrhunderts gestaltet hatten im Vergleich mit den übrigen Monarchien Europa's, so ergiebt sich hier die Unumschränktheit, dort die Beschränktheit des Fürstentums durch eine mächtige Aristokratie.

Wir finden dass der Begriff der Unumschränktheit der Fürsten, in den meisten Staaten, selbst den kleinsten Fürstentümern des deutschen Reiches ein starker und selbstbewusster ist.

Es könnte sich daher die Frage aufdrängen: war der damalige Herzog von Hannover, dessen Vorgänger den bekannten Ausspruch getan „Ich bin Kaiser in meinem Lande", ohne Weiteres geneigt, sobald jene englischen Aussichten an ihn herantraten, für seine Gattin und seine Kinder seine Rechte auf den englischen Thron geltend zu machen und sein Haus aus einer absoluten fürstlichen Stellung in eine ständisch-beschränkte zu versetzen; und in welcher Weise sollte dann die Regierung dieser so verschiedenen Staaten geführt werden?

Es gab noch andere Punkte die anscheinend einer ernsten Erwägung gegenüber der Aussicht auf den englischen Königsthron wert waren.

Nach der Gleichgültigkeit, welche die Geschichtschreibung bisher an den fürstlichen Persönlichkeiten bemerkt hat, könnte man ein unlustiges Verhalten des Hauses Hannover vermuten, und Klopp will ja sogar gefunden haben, dass die Welfen wider ihren Willen in Gross-Britannien zur Herrschaft gelangt sind.

Es ist wohl keine Frage, dass die politischen Verhältnisse wie überall, so auch hier von wesentlicher Bedeutung gewesen sind.

Dabei ist zu bemerken, dass bei der näheren Untersuchung eine Scheidung gemacht wird zwischen den Jahren 1688/89 und 1700/01; denn zwischen der Geburt und dem Tode des Herzogs von Gloucester vollzogen sich eine Reihe von Begebenheiten, die in verschiedener Weise sowohl auf die englischen Staatsverhältnisse als die hannoversche Politik in dieser Angelegenheit ihren Einfluss ausübten.

Vom Jahre 1689 verzeichnen wir also noch einmal die beiden Tatsachen, die Vollziehung der declaration of rights und die von den Whigs verworfene Benennung des Hauses Hannover für die Succession und wenden uns dann in Kurzem zur Betrachtung der fürstlichen Persönlichkeiten und Politik des Hauses Hannover.

Die Erblande des Geschlechtes der Welfen, Braunschweig-Lüneburg, die einzigen Besitzteile die das alte Fürstengeschlecht aus dem Sturze Heinrichs des Löwen gerettet hatte, blieben nicht lange Zeit in einer Hand vereint.[1]) Schon in der Mitte des 13. Jahrhunderts teilten die Urenkel Heinrichs, Albrecht und Johann ihr Erbteil, und im 14. finden wir schon Herzöge von Braunschweig-Wolfenbüttel, von Braunschweig-Lüneburg, von Calenberg-Göttingen, dann von Grubenhagen, Celle. Noch mannigfachen neuen Teilungen unterliegen die Länder im Lauf der folgenden Jahrhunderte.

Erst nach dem dreissigjährigen Kriege sind Namen und Gebiete bestimmter fixirt.

In 2 Linien waren damals die Welfen Regenten der Erblande. In dem älteren Braunschweig-Wolfenbüttel regierte seit dem Jahre 1635 Herzog August, genannt der Jüngere, Stammvater des jetzigen Braunschweigischen Herzogshauses, ein gelehrter und poetischer Herr, das Studium der Kriegsübung vorziehend, Mitglied der „Fruchtbringenden Gesellschaft". Sein Enkel war

---

[1]) cf. für das Folgende: Havemann, Geschichte der Lande Braunschweig-Lüneburg. Lüneburg 1837. Spittler, Geschichte des Fürstentumes Hannover. Hannover 1786 u. 1796. 2 Bde.

Anton Ulrich, der später voll Eifersucht gegen die jüngere aufstrebende Linie der Welfen, als rühriges Mitglied der „Correspondirenden Fürsten," einer Vereinigung verschiedener Fürsten gegen die 9. Kur, seinen Vettern viele Schwierigkeiten bereitete.

Die jüngere Linie, Lüneburg, war in zwei Fürstentümer geteilt; das eine, Calenberg-Göttingen umfasste das Land zu beiden Seiten der Leine, nur bis Hameln an die Weser reichend und im Süden durch Teile der Wolfenbüttelschen Herrschaft unterbrochen; hier war Hannover die Residenz; das Fürstentum selbst erhielt später den Namen Hannover.

Das andere, Celle, auch Lüneburg-Celle genannt, bestand aus den Landen um die Ilmenau, Aller und mittlere Weser mit der Hauptstadt Celle. Dazu kam das Stift und die Stadt Osnabrück; hier erhielt Braunschweig-Lüneburg im Westfälischen Frieden die alternirende Succession.

Bis zum Jahre 1592 nun, wo Wilhelm von Braunschweig-Lüneburg starb, waren die Besitzteile dieser jüngeren Linie getrennt und wieder vereinigt gewesen; erst der jüngste seiner sechs Söhne, Georg, hielt auf eine kurze Zeit noch einmal alle Teile in seiner Hand. Dieser Fürst hatte in seinem Testamente, das gleichwohl die Trennung der beiden Fürstentümer Celle und Calenberg-Göttingen von Neuem aussprach, bestimmt, die Erbfolge in beiden solle nach dem Recht der Erstgeburt Statt finden[1]. Bis zum Jahre 1665 nun herrschte Christian Ludwig, der älteste seiner 4 Söhne in dem reicheren Besitztum Lüneburg-Celle, der zweite, Georg Wilhelm, in Calenberg-Göttingen. Als jener aber in diesem Jahre mit dem Tode abging, entstand zwischen Georg Wilhelm und dem nächstälteren Bruder, Johann Friedrich, ein Streit um das einträglichere Erbteil. Nach heftigem Zwiste, in den sich auswärtige Mächte mischten, gelang es dem jüngsten Bruder Ernst August, seit 1661 Bischof von Osnabrück, zu vermitteln.

---

[1] Schaumann, „Geschichte der Erwerbung der 9ten Kur für die hannoverschen Lande" in der Zeitschrift des historischen Vereins für Niedersachsen. 1875. S. 3 ff. Nach den Akten des hannoverschen Archivs.

Johann Friedrich nahm Calenberg-Göttingen, Georg Wilhelm Lüneburg-Celle.

Der Erstere regierte bis 1679 in dem ihm zugefallenen Fürstentum; es ging in diesem Jahre über an Ernst August, der nicht den Anspruch erhob auf das reichere Land seines älteren Bruders von Celle.

Dieser Fürst nun war es, welcher durch eine geschickte Politik und durch tüchtige Hausgesetze den Grund legte zur Wiedervereinigung der Lande der jüngeren Linie des Hauses Braunschweig-Lüneburg und in Folge der Rechte seiner Gemahlin Sophia der Stammvater der englischen und hannoverschen Könige wurde.

Spittler[1]) knüpft an die Regierungen der vier Söhne Georgs im Fürstentum Hannover einige sehr beachtenswerte Bemerkungen. Er zeigt, in welchem Zustande sie das Land zwischen Weser und Leine überkommen haben, nach den Gräueln des 30jährigen Krieges, der hier wie überall in Deutschland den Ruin des materiellen Wohlstandes und geistige Erschlaffung herbeigeführt hat. Das Land ist verödet, das Volk verwildert. Dem Fürstentum erwuchs in der Tat die grosse Aufgabe, die tiefen Wunden des Krieges zu heilen; es musste die Erwerbsquellen der Unterthanen in ein neues Bett geleiten, es musste die Bebauung des Ackers erleichtern, musste Handel und Industrie mit allen Kräften wieder beleben, überhaupt den allgemeinen Wohlstand des Volkes aufs Neue heben. Dazu war aber, meint Spittler, eine Reihe von Jahren nötig und eine feste planmässige Regierung.

Brandenburg[2]) genoss acht und vierzig Jahre lang „gerade in jener kritischen Wiedergenesungsperiode die weise Regierung seines grossen Churfürsten Friedrich Wilhelm;" da liess sich das Werk der Regeneration nach einem festen, durchdachten Plane anfangen und vollenden.

Die Zeit, wo sich auch in Hannover „eine herrliche Blüthe des allgemeinsten Wohlstandes" entwickelte, trat erst im 18ten Jahrhundert ein.

---

[1]) Spittler, Geschichte des Fürstentums Hannover 2, 167 ff.
[2]) Spittler a. a. O. 198 ff.

Im 17. Jahrhundert, nach dem 30jährigen Kriege in eben derselben kritischen Zeit, die einmal verflossen nie wieder kam, hat Hannover das Unglück gehabt, „viermal seinen Regenten gewechselt zu haben; und mit jedem „alle Jahrzehende oder anderthalb Jahrzehende änderte sich auch der Plan der Cultur.“

Im Allgemeinen wusste eben das deutsche Fürstentum seine Aufgabe nicht zu lösen; im Kriegsleben auferzogen, französisch gebildet sah jeder Fürst sein höchstes Ziel darin ein Ludwig XIV. im Kleinen zu sein. Gerade jene welfischen Brüder repräsentirten ganz besonders dieses Streben, sie besassen in hohem Grade „jenen gewaltigen Hang zur uneingeschränkteren despotischen Gewalt.“

Es gehört nun nicht zur Aufgabe dieser Arbeit einen Auszug aus der Geschichte der Regierungen jener 4 Brüder zu geben, wohl aber ist es von wesentlicher Bedeutung die Richtung der Politik des Hauses Hannover zu verfolgen und zu kennzeichnen, um auf Grundlage jener einleitenden Bemerkungen daran Anhaltspunkte für das Verhalten gegenüber der Aussicht auf die englische Succession zu gewinnen.

Als Johann Friedrich zur Regierung gelangte, schob er bei Bestätigung der Privilegien des Landes die Clausel ein „sofern sie nicht seinem hohen Fürstenrechte, seiner Landeshoheit und Territorialmacht[1]) nachteilig seien.“ Er trat energisch gegen die Stände auf; Steuern aufSteuern wurden ausgeschrieben einmal um das Heer, das dieser Fürst im Laufe seiner Regierung auf 14,000 Mann brachte, die er durch den französischen Generallieutenant von Podewils[2]) nach den Regeln der französischen Kriegskunst einexerciren liess, in Stand zu halten.

Nicht minder schwer lastete aber auf dem Lande die Unterhaltung des Hofes. Unter Johann Friedrich, sowie auch besonders unter Ernst August stieg der Glanz desselben bedeutend. Eine Menge fremder Reisenden und Abenteurer, Franzosen und Italiener, fanden sich ein und brachten die raffinirten Festlichkeiten von Versailles bis in diese nordischen Gegenden des deutschen Reiches. Hofbeamten[3]) und Diener-

---

[1]) Spittler, 2, S 296. [2]) Havemann :, S. 158 f. [3]) v. Malortie, der hannoversche Hof unter Ernst August und Sophie. Hannover 1847.

schaften mehrten sich und in ganz Deutschland galt der
hannoversche Hof als der prächtigste und prunkvollste.[1]) Daher
heisst es in einem Reiseberichte von 1669[2]): Wann die Herzogen
von Braunschweig und Lüneburg ein gantz martialisches und
heroisches Gemüth haben, so ist dasselbe gewisslich auch sehr
erhaben, prächtig und herrlich, und leben also, dass ein Fremb-
der, der an ihren Hof kompt, ihm einbilden solte, er wäre an
dem Hof dess Königs von Frankreich. — Und wann diese 4
Höfe bey einander seynd, so machen sie ein solches Wesen und
Geschrey, als einiger Hof in Europa. Wann man sie aber
absonderlich nimt, wann ich einen jeden nach seinem Wesen
beschreiben darff, so halte ich den wolfenbüttelschen Hof vor
den ernsthafftesten, den Celler vor den lustigsten, den hannoveri-
schen vor den regulirtesten und den Ossnabruckischen vor den
galantesten; aber alle seynd insgemein schön und prächtig."

Herzog Johann Friedrich liebte es aber auch, sich mit
berühmten Männern der Wissenschaft zu umgeben. Er war
es, der im Jahre 1675 Leibniz an seinen Hof heranzog und
ihn zu seinem Bibliothekar ernannte. Mit dieser Anstellung
musste Leibniz zugleich die Verpflichtung übernehmen Forschungen zur Feststellung der Geschichte des welfischen
Hauses zu betreiben, Studien, deren Resultat die „Scriptores
rerum Brunsvicensium" und die „Origines Guelficae" waren.
Auch die Feder des grossen Philosophen wusste der Herzog,
besonders zu politischen Zwecken, zu benutzen; zur Rechtfertigung der Ansprüche der Welfen auf eine höhere Stellung
unter den deutschen Fürsten schrieb Leibniz den „Caesarinus
Fuerstenerius"; denn schon Johann Friedrich ging mit dem Gedanken um, besonders neben Kurbrandenburg und Kursachsen,
eine höhere Würde im Reiche zu erringen, als die herzogliche
war; doch wird neuerdings[3]) bestritten, dass er über die Er-
langung des Kurhutes schon in Unterhandlungen mit dem Kaiser eingetreten sei.

---

[1]) Gregorio Leti, abrégé de l'état présent des maisons et cours
des princes Sérénissimes de Brunsvic. Amsterdam 1687. S. 376 ff.
[2]) Jetztlebendes Europa. 1669. Frankfurt a. M. S. 844. [3]) Schaumann,
a. a. O. S. 3. Anmerkung.

In seiner auswärtigen Politik verfolgte Johann Friedrich einen andern Weg als seine beiden Brüder. Er war im Jahre 1651[1]) in Italien zur katholischen Religion übergetreten, hatte 1668 eine katholische Prinzessin, geborne Französin, geheiratet und stellte sich in den beiden sogenannten Raubkriegen auf die Seite Ludwigs XIV., im Gegensatze zu seinen Brüdern, welche auf Seiten der Verbündeten in mehreren Schlachten mit Auszeichnung kämpften.

Der Leiter dieser Politik Johann Friedrichs oder doch wenigstens sein Berater in Staatsangelegenheiten war neben dem Grafen Platen besonders Otto Grote, ein schneidiger Mann, und sehr geschickter Diplomat, von dem Spittler besonders rühmt, dass er mit grosser Energie den Katholiken den Eintritt in die Staatsämter gewehrt habe. Ernst August wusste die Bedeutung dieser Männer zu schätzen, als er zur Regierung gelangte. Er bestätigte sie in ihrer Stellung, ebenso wie Leibniz; er übernahm das Heer, den ganzen Pomp des Hofes und begann in seiner Politik sofort die Richtung einzuschlagen, die ihm der aufstrebende Sinn seines Hauses, seiner Familie und das Glück seiner bisherigen Laufbahn vorzeichneten.

Als jüngster der vier Söhne Georgs, fast ohne Aussicht je die Fürstenkrone tragen zu sollen, erhielt der damalige Prinz im westfälischen Frieden die Anwartschaft auf Osnabrück, ja, 10 Jahre später konnte er die Hoffnung hegen, auch die Erbschaft von Calenberg zu erlangen. Es hatte nämlich in diesem Jahre Georg Wilhelm, der damals noch in Calenberg regierte, den Entschluss gefasst, sich um die Tochter der Elisabeth Stuart, Sophia, Schwester Karl Ludwigs von der Pfalz, zu bewerben. Die Werbung geschah bei dem Bruder und fand Erhörung. Allein aus irgend einem nicht aufgeklärten Grunde gereute den Fürsten dieser Entschluss.[2]) Sein jüngerer Bruder war nun bereit, selbst die Ehe mit der Prinzessin einzugehen unter der Bedingung eines Erbvertrages, der am 11./21. April 1658 abgeschlossen[3]) wurde. Georg

---

[1]) Havemann, a. a. O. S. 153 ff. [2]) cf. Klopp, Leibniz' Werke, Band 7, Einleitung, S. XII. [3]) Schaumann, a. a. O. S. 5.

Wilhelm verzichtete darin auf eine Verheiratung und Erben — wenigstens standesgemässe —, so dass Ernst August später die Regierung in Calenberg zufallen musste.

Nach der Vermählung nun, die im Jahre 1658 bereits stattgefunden hatte und nach dem Tode des Fürstbischofs Wilhelm 1661, bezog das junge Paar die Residenz Osnabrück. Während die fürstlichen Brüder keine Descendenz erhielten, erfreute sich das Osnabrückische Ehepaar eines reichen Kindersegens. Ihr glänzender Hofhalt, von dem schon oben gesprochen, war weithin berühmt, und auch wegen seiner politischen Stellung, des tätigen Anteils am Kampfe gegen Frankreich, war Ernst August bei den Freunden des Reiches angesehen.

Nach dem Tode Johann Friedrichs im Jahre 1679 siedelte das Fürstenpaar nach Hannover über, der Residenz von Calenberg-Göttingen, gemäss den Bestimmungen des Erbvertrags. Mittlerweile jedoch war Georg Wilhelm Herzog von Celle geworden; zugleich hatte er sich mit einem französischen adligen Fräulein, die vom Kaiser zu einer Reichsgräfin von Wilhelmsburg erhoben ward, vermählt, eine Ehe, der eine Tochter, Sophie Dorothee, entsprossen war. Ernst August, dem es am Herzen lag, seiner Familie auch die Nachfolge in Celle zu sichern, schlug dem älteren Bruder vor, einen neuen Erbvertrag mit ihm einzugehen. Erst als er Georg Wilhelm versprach beim Kaiser dahin zu wirken, dass die Reichsgräfin von Wilhelmsburg den Rang einer Herzogin von Braunschweig-Lüneburg erhielt, kam es jedoch zum Abschlusse dieses neuen Erbvertrags, nach dessen Bestimmungen also beim Ableben des Herzogs von Celle dieses Fürstentum als Sekundogenitur einem der Söhne Ernst August's zu Teil werden sollte.

Beweisen nun schon diese Tatsachen, wie sehr bestrebt der neue Herzog von Calenberg-Göttingen war die zersprengten Erblande seines Hauses wieder unter einen „Hut zu bringen," so wird aus seinen weiteren Regierungshandlungen klar werden, dass er mit Consequenz auch den Plan zu verwirklichen suchte, den Welfen die alte Machtstellung im Reiche wieder zu verschaffen.

Daher hat Klopp nicht so ganz Unrecht, wenn er über diese Pläne sich folgendermassen äussert:[1]

„In Ernst August war wie in keinem seiner Vorfahren seit einem halben Jahrtausende die Erinnerung wieder erwacht an die einstige Macht und Grösse seines Hauses, an die Gewalt und das Unrecht des Hohenstaufen Friedrich Barbarossa wider seinen Ahn, Heinrich den Löwen. Das Streben von Ernst August war gerichtet auf die Herstellung des einst Verlorenen, auf die Wiedervereinigung des niedersächsischen Stammes unter der Führung seines Hauses. Er lebte, wie Leibniz (?) (Bd. I., S. 75) der Ueberzeugung, dass von dem Sturze Heinrichs des Löwen an der Verfall des Reiches beginne, dass in der Gliederung desselben nach den Stämmen die Sicherheit und die Kraft desselben wesentlich bestanden, dass somit sein Streben dieser Herstellung nicht bloss bezwecke das Interesse des eigenen Hauses, dasjenige des niedersächsischen Stammes, sondern auch dasjenige der Gesammtheit des Reiches. Der schöne Bericht von Wippo über die Wahl des ersten Saliers Konrad stellt uns anschaulich vor Augen, wie das Recht der Wahl oder richtiger vielleicht der Anerkennung des Oberhauptes des Reiches, ursprünglich beruhete auf den deutschen Hauptstämmen, vertreten durch ihre Herzöge. Dem Stamm der Niedersachsen war in Folge des Unrechtes gegen Heinrich dem Löwen jegliche Betheiligung an der Kur verloren gegangen. Der Herzog Ernst August setzte sich das Ziel dieses Recht der Kur wieder zu erwerben für sein Haus und damit für den deutschen Stamm, welchen hauptsächlich das welfische Haus vertrat."

In ähnlicher Weise spricht sich ein gleichzeitiger Fürst über die Politik des hannoverschen Herzogs aus, nämlich der Kurfürst Friedrich III. von Brandenburg in einem Schreiben an Wilhelm von Oranien vom 23. November 1689[2]: „Das Haus Lüneburg will uns vom Elbhandel ausschliessen, sich bis an die Thore von Lübeck und an die Ostsee ausdehnen und das absolutum dominium im niedersächsischen Kreise auch gar mit Heranziehung der Prätensionen Heinrichs des Löwen gleich dem Kö-

---

[1] Klopp, Fall des Hauses Stuart 4, 478 f. [2] Droysen, Preussische Politik 4 S. 72.

nige von Frankreich mit seinen Reunionen spielen, in Summa,
wobin wir sehen oder gehen, finden wir das Haus Lüneburg
uns im Wege liegen, und kreuzen sie uns am kaiserlichen Hofe
und überall."

Wie sehr man ferner bei allen Bestrebungen das Vor-
bild des grossen Ahnherrn, Heinrich des Löwen, vor Augen
hatte, zeigt folgendes Wort der Herzogin Sophia.

Sie schreibt im September 1688 [1]) an Leibniz: „Dies
(eine politische Angelegenheit) hindert nicht, dass man auf
Ihrer Bibliothek eine grosse Bühne errichtet, um dort diesen
Winter Oper zu spielen. Sigr. Hortense hat das Stück von
Heinrich dem Löwen componirt. Ich glaube, man hat diesen
Gegenstand gewählt, damit die Nachwelt nicht vergisst alle die
Staaten, welche einst diesem Hause gehört haben."

Alles dies zeigt, dass Ernst August hohe Ziele verfolgte;
er wusste sie aber auch zum grössten Teile zu erreichen. Dies
beweist vor Allem die consequente Durchführung der 9ten Kur,
wovon hier noch kurz die Rede sein muss.

In dem schon mehrfach erwähnten Aufsatze von Schaumann werden nach den Akten des Hannoverschen Archivs die
Schwierigkeiten geschildert, die dieser Fürst, um seinen Zweck
zu erreichen, überstehen musste. Die Kur hatte nach den Bestimmungen der goldenen Bulle zur Bedingung die durch eine
fest fixirte Primogenitur[2]) begründete Unteilbarkeit des Besitz-
tums. Nun war bereits 1641 für Lüneburg-Celle und Calenberg-Göttingen die Primogenitur einzeln testamentarisch verfügt.
Ernst August wollte aber auch die nach Georg Wilhelms Tode
seinem zweiten Sohne zufallende Secundogenitur Lüneburg-
Celle aufheben und durch ein gemeinsames Primogeniturgesetz
beide Herzogtümer vereinigen.

Zum Erlass dieses Hausgesetzes war vor allen Dingen
die Zustimmung des Kaisers erforderlich.

Es schien daher Ernst August eine Annäherung an die
österreichische Politik nicht unvorteilhaft zu sein. Aus diesem

---

[1]) Klopp, Leibniz Werke, Band 7, S. 49   [2]) Aurea Bulla Ca-
roli IV., Cap. XXV. § 3., bei Schmauss, corpus jur. publ. S. R. Imperii., Frankfurt u. Leipzig, 1727. S. 96.

Grunde hatte er dem Minister von Schwarzenberg bereits bei der Anzeige seines Regierungsantritts unter der Hand zu verstehen[1]) gegeben, dass der Kaiser auf den Hof von Hannover als treuen Verbündeten hinfort zählen könne, sowohl beim Votiren im Reichs-Colleg als bei·Stellung von wirklichen militärischen Hülfstruppen; man hoffe aber auch auf die Unterstützung des Kaisers bei billigen Wünschen.

Der Minister hatte in allgemeinen Ausdrücken zugesagt.

Als sich der Herzog nun wieder an den Kaiser wandte, erfolgte 1683 die kaiserliche Genehmigung zum Erlass des Hausgesetzes, die jedoch vorläufig noch geheim gehalten wurde und vollständig erst 1696 in der Form eines Testaments publicirt worden ist. Es war dabei vom Kaiser bestimmt, der Secundogenitus solle 30,000 Thlr. Revenüen erhalten, die übrigen Prinzen und Prinzessinen nach Herkommen.

Mit dieser kaiserlichen Erlaubniss hatte aber Ernst August seinen Zweck noch nicht erreicht. Vielmehr fand er heftigen Widerstand in seiner eigenen Familie. Unter dem Schutz[2]) ihrer zärtlich besorgten Mutter Sophia vertraten die Söhne Friedrich August und später Maximilian Wilhelm ihre Rechte, die sie herleiteten aus dem Satze des Fürstenrechts, dass Veränderungen in der Succession nur mit Zustimmung der Agnaten und erwachsenen Söhne vorzunehmen seien.

Dagegen fasste der Herzog die Angelegenheit als Lehnssache auf, die abzumachen sei zwischen Lehnsherr und Lehnsträger, so dass ein Uebereinkommen mit dem Kaiser ihn zum Erlass des Hausgesetzes ermächtige.

Der Widerstand gipfelte zuletzt in einer Verschwörung gegen die Regierung des Vaters; nicht allein[3]), dass 1691 Wolfenbüttel, Dänemark und Frankreich sich mit den Söhnen in einen politischen Bund eingelassen hatten, sogar gegen die Person und vielleicht das Leben des Fürsten und seines ältesten Sohnes war ein Complott angezettelt. Es ward entdeckt; Maximilian Wilhelm gefangen, der Jägermeister von Moltke am

---

[1]) Schaumann, a. a. O. S. 4. [2]) Schaumann, a. a. O. S. 11ff [3]) Schaumann, a. a. O. S. 14f. Havemann, 2, S. 169ff. Kemble, State papers and Correspondence, historical introduction, p. XXXIVf. London 1857.

15. Juli 1692 hingerichtet. Der Prinz siedelte später nach Oesterreich und trat zur katholischen Kirche über. Damit war die Opposition im engeren Familienkreise überwunden.

Auch Georg Wilhelm von Celle zeigte sich nach einigen Verhandlungen bereit dem Hausgesetze beizustimmen. Als Preis seines Zugeständnisses verlangte er aber für Sophia Dorothea die Hand des ältesten Sohnes von Ernst August, des Erbprinzen Georg Ludwig, eine Bedingung, auf die von hannoverscher Seite eingegangen wurde.[1]

Gleichzeitig gingen auch die Verhandlungen, Bemühungen und Bewerbungen für die neunte Kur selbst vor sich, unstreitig eine Angelegenheit von grosser politischer Tragweite in damaliger Zeit. Es wird sich zeigen, wie dieselbe auch für die englische Successionsfrage von Bedeutung wurde. An dieser Stelle mag nur kurz auf sie hingewiesen sein.

Man muss eben den Worten Schaumanns beistimmen: „Es waren Unterhandlungen, von deren Umfang, Schwierigkeit, Künstlichkeit und doch wieder Kleinlichkeit man sich keinen Begriff machen kann."

Oesterreich, Frankreich, die katholischen Höfe Deutschlands ebenso wie die protestantischen sind nicht minder beteiligt als im Jahre 1688 der Prinz von Oranien[2] In der Zeit der Vorbereitung für die englische Expedition. Man sah eben von allen Seiten das Emporstreben des hannoverschen Herzogs mit mistrauischen Blicken an. Selbst Georg Wilhelm von Celle war nicht ganz frei von Eifersucht; Bernstorff setzte jedoch durch, dass am Ende des Jahres 1689 eine Union der beiden Häuser Hannover und Celle geschlossen ward; und von dieser Zeit an sehen wir die Brüder politisch gemeinsam auftreten.

Am 22. März 1692 endlich wurde auch die ewige Union

---

[1] Klopp, Fall des Hauses Stuart, 4, S. 477; cf. den Bericht des englischen Gesandten in Hannover, Sir W. Colt, bei Kemble, a. a. O. p. XXIV. Anmerkung. [2] cf. Kemble, a. a. O. S. XXVI, der die Vermutung ausspricht, der Prinz von Oranien habe vor der englischen Invasion beabsichtigt, für die Investirung des Herzogs von Celle in die 9te Kur zu wirken, und der Conflikt, der dadurch zwischen Hannover und Celle herbeigeführt ward, sei erst durch längere Verhandlungen beigelegt, die zu einer Union der beiden Häuser führten.

mit dem Kaiser unterzeichnet gegen die Bedingung der Erteilung der Kurwürde.

Dagegen wurde nun aber von einer grossen Anzahl deutscher Fürsten Protest erhoben.

Im Jahre 1693 vereinten sich diese Fürsten gegen die 9te Kur zu einem Bunde, der am 9. August 1700 den Namen der „Correspondirenden Fürsten" annahm.

Zwar war es der hannoverschen Diplomatie [1]) gelungen Brandenburg bereits 1689, Sachsen im Juli 1692 durch einen Defensivvertrag, in demselben Jahre Baiern und Mainz zu gewinnen.

Allein eine Anzahl kleinerer Fürsten, hinter denen Frankreich und Dänemark standen, hatte sich noch feindlich zusammengeschaart; es sind Wolfenbüttel, Hessen-Cassel, Sachsen-Gotha, Coburg, Altenburg, Baden, Brandenburg-Culmbach, Münster und Bamberg.

Sechzehn Jahre lang dauerten die Bemühungen Hannovers im Reichstage eine Majorität für die 9te Kur zu erhalten. Der spanische Erbfolgekrieg vereinte endlich diese kleinen Fürstentümer gegen Frankreich. Sie gaben ihren Widerstand auf. Nur der Herzog von Wolfenbüttel hörte nicht auf mit Frankreich und Dänemark zu intrigiren. Erst als nach einem Plan [2]) Wilhelms III. die Vettern von Hannover und Celle plötzlich bewaffnet in seine Territorien eindrangen, der festen Plätze sich bemächtigten und seine Truppen zersprengten, verzichteten Rudolph August und Anton Ulrich auf weitere Befehdung, allerdings auch damals doch erst in Folge englischer und preussischer Vermittlung.

Am 21. Juli 1708 endlich erlangte Kurfürst Georg Ludwig, der seinem Vater 1698 gefolgt war, vom Kaiser das Decret der Einführung der 9ten Kurwürde in das Reich.

Die Durchführung der 9ten Kur war die Lebensaufgabe Ernst August's gewesen, sein Sohn Georg Ludwig war den Wegen des Vaters gefolgt.

Ergiebt sich nun schon aus dieser kurzen Darlegung, mit welcher Fülle von Schwierigkeiten die hannoversche Politik am Ende des 17. Jahrhunderts zu kämpfen hatte, um nur ihrer

---

[1]) Schaumann S. 21 u. 29. [2]) cf. Kemble a. a. O. S. 37.

eigenen innern Aufgaben gerecht zu werden, so stellt sich auf
ganz natürliche Weise die Rolle dar, welche dem kleinen nord-
deutschen Fürstentum gegenüber den grossen politischen Verwickelungen der Grossstaaten angewiesen war, nämlich die einer
weisen Vorsicht.

Daher ist zu vermuten, dass auch der Ansicht auf die
englische Königskrone gegenüber die Politik des Hauses Hannover eine zurückhaltende war; und mag es an dieser Stelle
geboten sein, einen Blick auf die englischen Verhältnisse zu der
Zeit zu werfen, wo dem Hause Hannover zum ersten Male
Avancen in der Successionsangelegenheit gemacht' wurden.

Es war oben bereits kurz von der politischen Umwälzung
des Jahres 1688 in England gesprochen.

Als im Sommer dieses Jahres der Prinz von Oranien die
Expedition nach England zu unternehmen im Begriffe stand,
wurde er durch den Umstand an der Ausführung gehindert,
dass die Niederlande einem voraussichtlichen Andrange Frankreichs ohne Schutz ausgesetzt waren. Denn Ludwig XIV. hatte
Hannover[1]) und Dänemark zu einem anscheinend neutralen Bunde
zu gewinnen gewusst; die Neuwahl eines Bischofs in Cöln
schien auch voraussichtlich günstig für Frankreich ausfallen zu
sollen. Oranien suchte nun durch einen Gegenbund der nord-
deutschen Fürsten den Niederlanden die nötige Deckung zu
verschaffen. Bentinck reiste unermüdlich an den verschiedenen
Höfen umher. Georg Wilhelm von Celle ward gewonnen; Ernst
August nicht. Bezeichnend sagt Sophia in einem Briefe vom
6./16. September 1688 an Leibniz, der sich damals in Wien
befand[2]): „Was Hannover betrifft, so erwartet es wie Jupiter
bei Lucian den Rauch irgend eines Brandopfers mit gekreuzten
Armen, bis es ihm passen wird eine andere Stellung einzunehmen; denn es lässt nur einige Erdhügel aufwerfen, um gegen
einen Ueberfall geschützt zu sein."

Man erkennt die abwartende Politik Hannovers ganz in
dem Sinne, von dem oben gesprochen ist.

---

[1]) Dieses Bündniss hängt mit der Kurfrage zusammen; man kann
dasselbe wohl als den Versuch ansehen auf den Kaiser, der damals
die Angelegenheit der Kur wenig rege betrieb, eine Pression auszuüben. [2]) cf. S. 79.

Oranien versuchte daher durch Sophia auf den Herzog eine Pression auszuüben. Er liess durch den Bischof Burnet[1]) vom Haag aus einen Gesandten an sie abfertigen, einen französischen Refugié, der, am hannoverschen Hofe bekannt, ihr von der Expedition berichten solle und wenn sie gelänge, von dem voraussichtlichen Ausschluss aller Papisten von der Thronfolge und ihren dadurch erlangten Rechten. Dies würde aber nur dann geschehen, wenn ihr Gemahl bestimmt sei von dem Bunde mit Frankreich abzustehen. Die Herzogin sprach sich mit grosser Wärme über die Angelegenheit aus; der Herzog, dem sie den Chevalier zuführte, wollte noch nicht davon wissen, er hielt sie für ein lockeres und zweifelhaftes Projekt.[2])

Seinen Uebertritt zur Coalition führte dann aber der unerwartete Einfall Frankreichs, die Kriegserklärung gegen das Reich herbei. Er nahm Teil an der Zusammenkunft zu Magdeburg im Oktober 1688 und dem dort geschlossenen Bündnis, wodurch die englische Expedition Wilhelms von Oranien ermöglicht wurde.

Wie der Kaiser diese Umwandlung aufnahm und dadurch nach dem, was über die Politik Ernst Augusts mitgeteilt ist, auf diese jedenfalls wieder einen Druck ausübte, ist ersichtlich aus einem Schreiben der Herzogin Sophia an Leibniz vom 2./12. Januar 1689[3]): „Es scheint, dass Sr. Kaiserl. Majestät es übel aufgenommen hat, dass die Fürsten den Holländern Hülfe geschickt haben, um den Plan des Prinzen von Oranien gegen einen katholischen König zu erleichtern, als wenn es eine Religionsangelegenheit wäre. Der Landgraf von Cassel ist verpflichtet worden, eine grosse Verteidigungsschrift darüber abzufassen, um zu beweisen, dass er die Absicht des Prinzen von Oranien nicht gekannt hat. Alle unsere Hoffnung ist gegenwärtig, dass dieser Prinz, der Verteidiger unserer Religion, Frankreich angreifen wird; ohne das kostet die Sache dem Reiche mehr als sie wert ist. Denn die Hülfe des Kaisers wird vermutlich so langsam ankommen, dass die Franzosen vorher gute Fortschritte machen werden.“

Dass der Herzog nun, nachdem die Expedition des

---

[1]) Burnet, history of my own times III., S. 1296 f. [2]) Offenbar ganz in dem Sinne der Politik, die er, wie oben gesagt, verfolgte.
[3]) Klopp, Werke von Leibniz, 7, S. 63.

Oraniers geglückt war, geneigter wurde, der Aussicht auf die Succession ein Ohr zu leihen, ist wohl anzunehmen, wenn er auch an der Realisirung der Ansprüche seiner Gattin und seines Hauses wenig Teil nahm. [1]

Vielmehr tritt jetzt die Herzogin Sophia in den Vordergrund der Verhandlungen; um über ihr Benehmen Klarheit zu verbreiten, geben wir, ehe wir auf Klopps Ansicht eingehen, das Material, aus dem dasselbe ersichtlich wird, bis zur Benennung im Oberhause am 9. Mai 1689.

Dies Material bieten eine Anzahl von Briefen und Aktenstücken, die teils von Schaumann in dem angegebenen Aufsatze teils in den von Klopp edirten Werken von Leibniz, Band 7 und 8, veröffentlicht sind.

In dem für die europäische Staatenwelt so kritischen Augenblicke, wo der Prinz von Oranien nach England überzusetzen im Begriffe steht — die auf Mitte Oktober festgesetzte Abfahrt verzögerte sich widriger Herbststürme wegen um 14 Tage — erwägt die Herzogin in einem Briefe an Leibniz vom $\frac{25.\ October}{4.\ November}$ 1688 [2] die Chancen für und wider das Gelingen der Expedition. „Der Prinz von Oranien", sagt sie, „ist am vergangenen Samstag mit 50 Segeln abgefahren. Es erschien von seiner Seite kein anderes Manifest, als eine Denkschrift, welche die englischen Protestanten ihm gesandt haben, worin alle ihre Klagen gegen ihren König dargelegt sind, und die Gründe, welche sie bezweifeln lassen, dass der Prinz von Wales das Kind [3] der Königin ist, wie das gedruckt und schon aus dem Englischen in's Französische übersetzt ist. Ich zweiße nicht, dass man Exemplare davon in Wien haben wird. Indessen hat der König von England die Gnade gehabt, mir mit eigener Hand darüber zu schreiben, einem Briefe, worin er sagt, er müsste der allerschlechteste Mensch von der Welt sein, um eine so boshafte [4] Handlung zu begehen, aber es

---

[1] Schaumann, Geschichte der Erwerbung der Krone von England von Seiten des welfischen Hauses. Zeitschrift des histor. Vereins für Niedersachsen. 1875. S. 51. [2] Klopp, a. a. O., 7, S. 58. [3] cf. S. 19. [4] sc. die Unterschiebung; cf. auch v. Noorden, Europäische Geschichte im achtzehnten Jahrhundert I 1. S. 184f. nebst Anmerkung.

scheine, dass diejenigen, welche diesem Betrug Glauben schenk-
ten, aber ihn nach sich selber urteilten. Sr. Majestät schrieb
mir auch, dass er es lange Zeit nicht habe glauben können,
dass sein Schwiegersohn und Neffe eine Invasion in sein Land
machen wolle und dass dies der Grund wäre, weshalb er zu
spät an Vorsichtsmassregeln gedacht hätte, dass er aber, wenn
der Wind noch einige Tage conträr bliebe, im Stande sein
würde ihn zu empfangen. Daher sind wir alle voll Ungeduld
zu erfahren wie die Dinge in England laufen werden. Es steht
ja auf allen Fahnen des Prinzen von Oranien: Für die Religion und für die Freiheit."

Man erkennt aus diesen Worten die Besorgniss der
Fürstin, es möge das Unternehmen mislingen; wer vermag die
Tragweite des Gedankens zu ermessen, was geschehen wäre,
wenn Wilhelm von Oranien unterlag. Dann hätte sich ereignet,
was Sophia in dem Gratulationsschreiben an den neuen König
Wilhelm ausdrückt: „Wir nähern uns, in Folge der Verwüstung
unserer Nachbarländer, der brüllenden Bestie, welche die Absicht hat uns und alle Protestanten zu verschlingen."

Am $\frac{27.\ \text{Januar}}{6.\ \text{Februar}}$ 1689 [1]) erzählt Sophia Leibniz von dem
Gelingen der Expedition; der Prinz von Oranien sei auf er-
staunliche Weise zu seinem Ziele gelangt, aber, fügt sie scher-
zend hinzu, das sei nicht wunderbar, denn es sei schon lange
vorher durch eine Auslegung der heiligen Schrift von einem
Pfarrer vorbergesagt worden. Der arme König von England
sei zu beklagen, dass ihm nichts Gutes geweissagt sei, sie
glaube, dass dieser Monarch wenig Trost bei den Jesuiten finden würde. „Der Prinz von Oranien hat den Herzogen angezeigt, dass er die Statthalterschaft von Gross-Britannien über-
nommen hat, und da man nach den englischen Gesetzen kein
Parlament ohne den König berufen kann, haben sie eine Convention eingesetzt wie nach dem Tode von Cromwell. Man sagt,
dass diese den König bitten wird, zurückzukommen und ihnen
die Prüfung der Geburt des Prinzen von Wales zu gestatten,
und wenn derselbe legitim gefunden wird, ihn in die protestan-

---

[1]) Klopp, a. a. O., 7, S. 68. f.

tischen Religion für die Succession erziehen zu lassen. Aber wenn der König alles dies allem Anschein nach zurückweist, werden sie die Prinzessin von Oranien krönen, die eine sehr vorzügliche Fürstin ist."

Am 13. Februar 1689[1]) fand dann diese Krönung statt. Leibniz knüpft daran in einem undatirten Briefe an die Herzogin folgende Worte: „Ew. Hoheit hat es richtig vorhergesagt, dass man in England bis zur Krönung des Prinzen von Oranien und der Prinzessin Marie schreiten werde. Viele Leute nennen den alten König nicht mehr anders als den König Jakob, gerade wie man sagt die Königin Christine. Aber Gott muss diese grosse Frage zur Entscheidung bringen. Und der neue König hat den Vorteil, dass ganz Europa, ausser Frankreich, verpflichtet ist, sich für ihn zu interessiren."

König Wilhelm annoncirte seine Thronbesteigung und schrieb dazu einen Brief an die Herzogin, von dem sie später selbst an Leibniz berichtet, wir aber auch Kunde haben aus dem hannoverschen Archiv.[2])

Er sagt: „Sie sind so sehr an dem Wohl dieser Königreiche interessirt, da allem Anscheine nach einer Ihrer Söhne eines Tages hier König sein wird, dass ich wohl darauf rechnen kann, gute Alliirte am ganzen Hause Lüneburg zu finden." Sodann fordert er sie auf, unter Zusage der eigenen Unterstützung ihre Rechte auf die Succession vor dem Parlamente von 1689 zur Sprache bringen zu lassen.

Es liegt sowohl ihre Antwort[3]) vor, als Zeugnisse ihrer Tätigkeit für die Anerkennung und Aussprache ihrer Rechte im Parlament.

Die erstere lautet nach Klopp's[4]) Uebersetzung:

„Sire, Ew. Majestät werden, gemäss meiner wiederholten Erklärung, Ihre ergebenste Dienerin zu sein, nicht zweifeln, welchen Antheil ich nehme an allem, was beiträgt zu Ihrer Erhebung und zu Ihrem Ruhme. Ich will damit nicht sagen,

[1]) Klopp, a. a. O., S. 72. [2]) Schaumann, Geschichte der Erwerbung der Krone von England von Seiten des welfischen Hauses. Zeitschrift des histor. Vereins für Niedersachsen. 1875. S. 47 f. [3]) Klopp, Leibniz Werke, Band 7, S. 74. [4]) Klopp, Fall des Hauses Stuart 4, S. 480.

dass ich nicht den König Jakob beklage, der mich mit seiner
Freundschaft beehrte. Wenn ich Ew. Majestät dies Gefühl
verschweigen wollte, so würden Sie, fürchte ich, von meiner
Aufrichtigkeit eine schlechte Meinung fassen. Ich bin sogar
überzeugt, dass mein Freimuth Ihnen besser zusagen wird, und
dass Ew. Majestät daher um so leichter glauben an die Be-
theuerung meiner Wünsche für Ihr Wohl und meine Meinung,
dass Sie die Krone, welche Sie tragen, verdienen aus tausend
Gründen, die ich, um nicht Ihrer Bescheidenheit zu nahe zu
treten, nicht herzählen will.

Indessen, da es Gott gefallen hat Ew. Majestät zum Be-
schützer unserer Religion zu machen, so hoffe ich auch, dass
er Sie in den Stand setzen wird, Sich frei bewegen[1]) zu können, um uns andere arme Sterbliche zu schützen, die wir, vermöge der Verwüstung, die über unsere Nachbarn gekommen
ist, schon nicht mehr ferne stehen dem brüllenden Thier,
welches uns zu verschlingen trachtet. Ich wünsche es, damit
alle diejenigen, welche nicht Papisten sind, im Stande sein
mögen, ein Geschlecht nach dem andern, die Religion, zu
welcher wir uns bekennen, in England und anderswo, bis in
alle Ewigkeit zu behaupten, und damit Ew. Majestät mich zählen können unter die eifrigsten Ihrer Anhänger."

Es ist anzunehmen, dass dieser Brief etwa Ende Februar
oder Anfang März 1689 geschrieben ist. Die eigentümliche
Erwähnung des Königs Jakob, der verblümte Ausdruck, mit
dem die politischen Angelegenheiten und die Successionsfrage
bezeichnet werden, wird weiter unten[2]) aufgeklärt.

Was die Herzogin hier nicht direct sagt, dass sie für die
Fixirung ihrer Rechte durch das Parlament wirken will, das
bewies sie durch die Tat. Unmittelbar nach der Anforderung
des Königs benutzte sie, wie die Aktenstücke[3]) des Hannoverschen Archivs beweisen, alle ihre alten Bekanntschaften und
Verbindungen mit einflussreichen Persönlichkeiten und Parla-
mentsmitgliedern in England, um diese brieflich zur Mitwirkung
bei Constatirung ihrer Rechte aufzufordern. Wir finden bei
Schaumann eine ganze Reihe derselben aufgezählt. Alle sagten

---

[1]) A avoir les bras libres. [2]) cf. S. 47. [3]) Schaumann. a. a. O. S. 47 ff.

bereitwilligst zu und mit dem ausdrücklichen Zusatz, dass das Wohl Englands und die gesicherte Thronfolge des Hauses Hannover auf's Genaueste zusammenhingen.

Danach erfolgte ganz consequent am 9ten Mai die Tatsache, dass im Oberhause die Herzogin Sophia und ihre Descendenz als die nächsten in der Erbfolge nach der Prinzessin Anna bezeichnet wurden.

Alle diese Vorgänge seit der Expedition des Prinzen von Oranien bis zur Benennung des Hauses Hannover im Oberhause könnten beweisen, dass der früher ausgesprochene Gedanke, es möchten die hannoverschen Fürstlichkeiten nicht geneigt sein eine uneingeschränkte Herrschaft mit einer beschränkten zu vertauschen, irrig gewesen sei.

Dr. O. Klopp, der allerdings diesen constitutionellen Punkt nicht berührt, glaubt doch aus dem ihm zur Verfügung gewesenen Material das Resultat gewonnen zu haben, dass die Herzogin Sophia gegenüber der ihr aufgetauchten Aussicht eine gewisse „Lauheit" gezeigt habe.

Im 8ten Bande der Werke von Leibniz, Einleitung S. XXV., führt er zum Beweise dessen eine Anzahl Schriftstücke an; in seiner Geschichte des Falles des Hauses Stuart, Band 1, S. 83, benutzt er jene zum Teil und giebt noch andere Motive für das Verhalten der Fürstin an.

Er sagt dort: „Die Lauheit dieser Fürstin gegenüber der ihr aufgetauchten Aussicht findet ihre Erklärung zunächst in jener Politik des Gemahles, die wesentlich dem Reiche zugewandt war, dann in den Motiven, welche erkennbar sind aus ihren eigenen Aeusserungen, nämlich der Teilnahme mit ihrem unglücklichen Vetter, dem Könige Jakob II., und dem Entferntsein der Aussicht für sie und ihre Söhne."

Es mag die Frage sein, was hier unter „Lauheit" verstanden ist; Lauheit in Bezug auf Tätigkeit oder bloss Gesinnung. Wir haben Grund, abgesehen von obigen Tatsachen, nach einer früheren Aeusserung Klopps auf das erstere zu schliessen, das ja auch nur die Folge des zweiten ist. Er spricht S. 482 von einem „wenig regen Eifer in der Richtung, welche Wilhelm III durch seinen Hinweis gegeben."

Wir wollen von vornherein annehmen, dass diese Lauheit wirklich bestanden hat und nur die Motive näher betrachten.

Der erste Grund, dass die Politik Ernst Augusts, wie Klopp S. 479 sagt, nicht vereinbar gewesen wäre mit dem Trachten nach der prekären Aussicht auf eine entfernte Krone, war nach dem, was oben davon gesagt, allerdings geeignet auch auf die Gesinnung Sophiens von Einfluss zu sein.

Den letzten Grund „das Entfernteln der Aussicht für sie und ihre Söhne", entnimmt Klopp einer Aeusserung der Herzogin an Leibniz vom 7./17. Juni 1689; die Benennung im Oberhause geschah aber bereits im Mai; derselbe kann also für uns an dieser Stelle nicht stichhaltig sein.

Wir wenden uns daher zu dem zweiten Motiv, das anscheinend unbedeutend zu sein scheint, für Klopp aber das hauptsächlichste ist.

Klopp sagt, um es noch einmal zu wiederholen: „Die Lauheit dieser Fürstin gegenüber der ihr aufgetauchten Aussicht findet ihre Erklärung — — in den Motiven, welche erkennbar sind aus ihren eigenen Aeusserungen, nämlich der Teilnahme mit ihrem unglücklichen Vetter, dem Könige Jakob II."

Man frägt sich, inwiefern konnte die Teilnahme mit ihrem unglücklichen Vetter ein Motiv sein für die Herzogin Sophia sich lau gegenüber der ihr aufgetauchten Aussicht zu verhalten, d. h. einen wenig regen Eifer für die Geltendmachung ihrer Rechte zu zeigen?

Die Antwort kann nur in Folgendem liegen.

Wenn die Herzogin Sophia eine Lauheit gezeigt hätte, so könnte dies Benehmen einmal wohl aus einer gewissen Courtoisie dem verwandten Fürstengeschlechte gegenüber erklärt werden, an dessen Stelle das Haus Hannover treten sollte; man hatte ja dem von den Stuarts immer hochgehaltenen „Göttlichen Rechte" der Krone nur das von einem — im Stuartschen Sinne — aufrührerischen Volke festgesetzte Verfassungsdekret entgegenzuhalten. War doch Sophia selbst dem Blute der Stuarts entsprossen; und ein unmittelbares Eingehen auf das Angebot des englischen Königs und Parlaments würde der verwandten Fürstin offenbar verübelt sein. Eine Lauheit in diesem Sinne war also immer zu entschuldigen, wenn nicht gar geboten; und in diesem Sinne hatte also dann das Haus Hannover wohl die Krone annehmen wollen, aber ohne gerade sich darum zu bemühen; man hätte sich dieselbe gern als reifen Apfel in den Schooss fallen lassen.

Von einer zweiten Seite betrachtet konnte die Laubeit aber die Weigerung bedeuten, überhaupt die Krone anzunehmen, in der Hoffnung, durch irgend eine Vermittelung oder auf gewaltsame Weise die Stuarts restaurirt zu sehen.

Endlich aber — wenn nun Sophia Jakob II. wirklich so nahe stand — frägt man sich, war es überhaupt möglich etwa durch einen Verzicht dem vertriebenen Könige seine Stellung wieder zu verschaffen? Gemäss den Bestimmungen der englischen Vorfassung nicht. Wenn nun nicht Jakob II. selbst, hätte etwa der im Juli 1688 geborene Prinz v. Wales in diesem Falle Aussicht gehabt, den Thron seiner Väter wieder zu besteigen?

Man kann diese Frage bejahen; wäre der Prinz von Wales protestantisch[1]) getauft und erzogen, so konnte er nicht allein nach der englischen Verfassung zur Regierung gelangen, es musste dies sogar geschehen auf Grund des Erbrechts. Auch zeigen die Restaurationsversuche, die sich bis in die Mitte des 18ten Jahrhunderts fortsetzen, auf wie viele Anhänger die Stuarts noch lange Zeit in England zählen konnten.

Jedoch ehe jene rechtmässige Erhebung des Prinzen von Wales, falls er nämlich Protestant wurde, realisirt werden konnte, war dann noch eine bedeutungsvolle Frage zu erledigen.

Es ist in den oben angeführten Briefen dieses Prinzen unter auffallenden Umständen Erwähnung geschehen. Man hielt ihn vielfach in England für untergeschoben.[2]) In dem S. 37 mitgeteilten Schreiben berührt Sophia das Manifest der Protestanten, den Brief des Königs Jakob an sie, worin dieser sich lebhaft gegen jene Unterschiebung verwahrt. Es liegt auf der Hand, welche Bedeutung für Jakob II. und die Stuarts der Nachweis der unzweifelhaften Echtheit seines Sohnes hatte. Blieb die Geburtsfrage des Prinzen v. Wales dunkel, so blieben es auch die Erbrechtsansprüche des vertriebenen Geschlechts in dieser Linie.

---

[1]) cf. S. 38 unten. [2]) cf. S. 37 ff.

Wenn dagegen jetzt die Herzogin Sophia mit einem feier-
lichen Verzicht an die Oeffentlichkeit getreten, wenn in diesem
Manifest vor aller Welt auf das Erbrecht des legitimen Sohnes Jakobs II. hingewiesen wäre, darf man nicht glauben, dass
die Restaurationsversuche besser gelungen wären?

Dies tat nun zwar das Haus Hannover nicht, aber es verhielt sich doch wenigstens lau, wie Klopp sich ausdrückt, und zwar
aus dem Grunde, weil Sophia und das Haus Hannover den
Prinzen von Wales für echt hielten; die Welfen wollten nicht
durch einen illegalen revolutionären Akt zur englischen Thronfolge berufen werden, sie wollten nicht durch ihre Thronbesteigung gegen ein höheres Recht verstossen.

Klopp will eben an dieser Frage darlegen, wie gross das
Geschlecht der Welfen in der Geschichte dasteht, das es nicht
habe über sich gewinnen können tätig zu sein in der Verfech-
tung seiner auf revolutionäre Weise eingeräumten Rechte gegenüber dem legitimen Erbrecht des gestürzten Königshauses der
Stuarts. Nach Klopp verhält sich das Haus Hannover möglichst kühl gegenüber der Succession, wird aber schliesslich
durch die geschichtliche Notwendigkeit gezwungen wider Willen die englische Königskrone anzunehmen.

Diese Resultate[1]) der Klopp'schen Untersuchung, die er
allerdings nie direkt ausspricht, die man vielmehr aus seinen
Schlussfolgerungen erst construiren muss, weisen zweifellos auf
die welfische Tendenz hin, der zu Liebe er gearbeitet hat.
Indem nun diese Tendenz hier im Allgemeinen angenommen
wird, mag in Folgendem versucht sein, sie auch im Besonderen
zu beweisen.

Es war oben die Lauheit der Fürstin angenommen und
das zweite Motiv, „die Teilnahme mit ihrem unglücklichen
Vetter" näher beleuchtet. Wir fanden, dass eine Lauheit wohl
vorhanden sein konnte.

Sehen wir jetzt zu, aus welchen Aeusserungen oder Handlungen der Herzogin Sophia oder des Hauses Hannover Klopp
auf die Lauheit schliesst.

---

[1]) Deren ausführliche Erörterung in den nächsten Bänden seines
angeführten Werkes: „Der Fall des Hauses Stuart" etc. zu erwarten ist.

Ihm muss es dabei vor allen Dingen darauf ankommen
zu erhärten, dass Sophia und das Haus Hannover den Prinzen
von Wales für echt hielten; denn daran knüpft sich ja, wie
wir sahen alles Weitere.

Das erste Schriftstück, welches Klopp anführt, um die
Kühlheit der Herzogin Sophia zu illustriren, ist dasjenige, das
S. 37 f. wiedergegeben und besprochen ist. Wir fanden, dass
die Herzogin von Besorgnis erfüllt war, es möchte das
Unternehmen, welches rechtlich nur durch ein Manifest der
englischen Protestanten, in dem sie alle ihre Beschwerden und
Gründe des Zweifels an der Echtheit des Prinzen von Wales
darlegten, unterstützt war, deshalb mislingen, weil einmal
der König Jakob Gegenmassregeln hat treffen können und die
Echtheit des Prinzen von Wales ausser allem Zweifel stellte.

Für Klopp ist der Brief von besonderer Wichtigkeit durch
dasjenige, was sie über den König Jakob II. sagt. Einmal
schliesst nämlich Klopp[1]), der hier den Bericht des staatischen[2])
Gesandten Hop in Wien einschiebt, dass Sophia den Brief des
Königs Jakob, den sie erwähnt (cf. S. 37f.) nach Wien gesandt
habe. Das ist möglich, obwohl der Minister Graf Stratmann
auf Wort und Ehre behauptet hatte, der König von England
habe nichts an den Kaiser geschrieben. Dann erklärt aber
Klopp, „es geht aus dem Berichte Hop's hervor, dass sie zugleich für Ihn um die kaiserliche Vermittelung nachgesucht hat."

Nun heisst es in jenem Berichte: 21. Nov. 1688. Es
existirt hier eine glaubwürdige Nachricht unter den fremden
Gesandten, dass der Kaiser durch einen Brief zu Gunsten
des Königs von England ersucht worden ist zu vermitteln — zwischen Sr. Majestät und dem Prinzen von
Oranien.

25. Nov. Dass der oben erwähnte Brief geschrieben sei
vom König von England an die Herzogin von Hannover, von
der er hierher gesandt war.

---

[1]) Leibniz Werke, 7, Einleitung S. XXXIV. ff. [2]) Lexington
Papers, London 1851, p. 329. cf. Klopp, Leibniz 7, Einleitung S.
XXXV.

Aus dem Inhalte ist dann ersichtlich, dass der Brief, den Sophia erwähnt, hier gemeint ist.

Es sagt also Hop in diesem Briefe nicht, dass die Herzogin von Hannover die Vermittelung nachgesucht habe, sondern dass der Kaiser durch einen Brief um seine Vermittelung angegangen sei, und dass dieser Brief von Jakob II. an die Herzogin von Hannover geschrieben war, die ihn nach Wien sandte. Was diese dabei bemerkt, ob sie die nachgesuchte Vermittelung unterstützte, oder ob nicht vielmehr der hannoversche Hof damit die Vermittlerrolle zurückwies und Alles dem Gutdünken des Kaisers überliess, wird gar nicht erwähnt; Klopp schliesst aber geradezu daraus, dass sie die Vermittelung nachgesucht habe.

Es ist aber überhaupt sehr fraglich, ob Jakob II. durch jenes Schreiben an die Herzogin deren Vermittelung gewünscht hat; er sagt eigentlich das Gegenteil; denn Sophia schreibt an Leibniz: (cf. S. 38) dass er (Jakob), wenn der Wind noch einige Tage conträr bliebe, im Stande sein würde, den Prinzen von Oranien zu empfangen;" natürlich heisst das, wie Hop sagt (s. Einleitung zum 7. Bande S. XXXV) „an der Spitze guter Truppen."

Es könnte nun vielleicht unklar sein, weshalb Klopp der Herzogin diese Vermittlerrolle supponirt hat, wenn er nicht auch noch andere Resultate aus jenem Schreiben gewönne.

Er sagt[1]): „aus dem Zusammenhange ergiebt sich ferner klar und bestimmt, wie diese Fürstin über die Anklage der Unterschiebung des Prinzen von Wales gedacht hat."

Das soll also heissen, in Zusammenhang mit dem Früheren und dem, was noch folgt, gebracht: Weil sie den Prinzen von Wales für echt hält, verabscheut sie ein Unternehmen, das in falscher Weise auf dessen Unechtheit basirt ist und sucht zu vermitteln, und da ihr das nicht gelingt, zeigt sie sich gegen die Aussicht auf eine Succession kühl, die sie widerrechtlich für sich und ihr Haus in Anspruch nehmen soll.

Das sind aber falsche Schlüsse; es mag Klopp gern zugestanden werden, dass die Herzogin und das ganze Haus Han-

---

[1]) a. a. O.

nover den Prinzen von Wales für echt gehalten haben; dem ungeachtet weist sie vielmehr die Vermittlerrolle zurück, einmal vielleicht in Abhängigkeit von der Politik ihres Hauses, sodann aber,
weil sie das Unternehmen des Oraniers für ein gerechtes hält, das
ergriffen worden ist „für die Religion und die Freiheit." Dabei
mag sie Teilnahme für Jakob II. und seine Familie bezeigen; — in
diesem Briefe aber fürchtet sie nicht, dass nun etwa Jakob sich
nicht behaupten könnte gegen seinen Neffen, sondern dass diesem
die Expedition missglücke. Klopp ist so vorsichtig in seinen
Ausdrücken, er hüllt sich in möglichst allgemeine und unpräcise
Wendungen, dass man aus seinen falschen Deductionen heraus-
suchen muss, was er eigentlich sagen will. So spricht er im
Fall des Hauses Stuart an der analogen Stelle nur von „Teilnahme mit ihrem unglücklichen Vetter," während er eigentlich
die feste Ueberzeugung der Herzogin von den unanfechtbaren
Rechten des Königs Jakob meint.

Etwas deutlicher wird die wahre Absicht Klopp's aus dem
Hinweis auf einige Schriftstücke aus den Jahren 1689 und 1696.
Das eine von 1689 wird „klarer beleuchtet" durch die beiden
andern aus dem Jahre 1696.

Das Schriftstück von 1689 ist das Gratulations- und Ant-
wortschreiben der Herzogin an König Wilhelm zu seiner Thronbesteigung (S. 39f.). Es war an der betreffenden Stelle schon
von der eigentümlichen Erwähnung des Königs Jakob gesprochen. Für Klopp liegt darin dieselbe Zuneigung für ihren
Vetter Jakob, die eben ein Grund ihrer Lauheit sein soll.
„Dieser Brief erhält sein volles Licht durch die beiden von
1696."

Leibniz erwähnt nämlich am 14. October 1696[1]) in humori-
stischer Weise der Succession des Hauses Hannover vor der
damaligen Kurfürstin. Dieselbe erscheint ihm wie im Bilde
eines Zukunftsromanes, in dem der Kurprinz eine grosse Rolle
spielen werde[2]) etc.

Sophia antwortet darauf, sie wolle davon nichts wissen,
sondern vielmehr die „schönen Ideen" seines Romans zerstören,
zu dem sie nichts beitragen werde.

---

[1]) cf. Klopp, Leibniz Werke 6, S. 12. [2]) cf. unten S. 61.

In der Einleitung S. X sagt hierzu Klopp: „Leibniz wagt hier zum ersten Male die Sache vor der Kurfürstin zur Sprache zu bringen;" weil er wusste, wie zart sie über diesen Punkt denke, meint Klopp an anderer Stelle.

Ebenso derselbe von dem Briefe der Kurfürstin: „Die Zurückweisung ist klar und bestimmt." Durch dieselbe erhält dann jener vorhin erwähnte Brief „sein volles Licht."

Und weiter: „man vergleiche dazu im Betreff der Zuneigung der Kurfürstin für ihren Vetter Jakob II. und seinen Sohn" u. s. w.

Setzt man Alles zusammen, so wird die Beziehung dieser Briefe auf einander durch Klopp klar.

Er argumentirt, natürlich wieder ohne sich deutlich darüber auszudrücken, folgendermassen. Im Jahre 1689 zeigt Sophia öfter eine grosse Zuneigung zu der vertriebenen Königsfamilie, die sie veranlasst, nachdem sie von der Echtheit des Prinzen von Wales überzeugt ist, zu vermitteln zwischen Wilhelm III. und Jakob II., resp. die Vermittelung nachzusuchen; die sie aber auch veranlasst, den Successionsaussichten gegenüber lau zu sein, weil eben das Recht des Prinzen von Wales das höhere ist.

Leibniz, der sich, auch nach Klopp's Behauptung immer bemüht hat, in England für die Kurfürstin zu wühlen, wagt es einmal, nur in leisem Scherze die Sache zu berühren, und wird klar und bestimmt zurückgewiesen; und damit auch die Succession; es ist schon in der Einleitung bemerkt und wird sich unten ergeben, dass Sophia nach Klopp sich auch weigert, die Succession im Jahre 1700/1701 anzunehmen, — wegen des Rechtes des Prinzen von Wales.[1]

Klopp führt also seine Ansicht bis zu Ende durch.

Nur beruhen seine meistenteils unrichtigen Schlüsse auch oft auf einer falschen Prämisse.

Denn das Auffällige des Gratulationsschreibens von 1689 und der Antwort der Kurfürstin vom Jahre 1696 lassen sich auf andere Weise ganz natürlich erklären.

Bei jenem Schreiben ist zu bedenken, dass es ein officielles

---

[1] cf. Einleitung zu Band 8, S. XXXVI und unten S. 75.

war und dass Sophia ganz besonders, abgesehen von anderen politischen Interessen, auf die Königin Marie und die Prinzessin Anna Rücksicht nehmen musste. Zwischen der Prinzessin Anna und ihr hat stets ein gespanntes Verhältnis bestanden.[1]

Von der Königin Marie, die mit Sophia correspondirte, war es ihr wohl bekannt, wie tiefen Seelenschmerz ihr das Unglück ihres Vaters bereitet hatte. Sie schrieb[2] damals: „Es haben manche das Glück, über Sachen reden zu dürfen, von denen ich schweigen muss. Sie werden nie an der Rechtlichkeit meiner Gesinnungen zweifeln, wenn ich auch meinen Vater nicht vergessen kann und über sein Unglück klagen muss.“

Fast mit denselben Worten schreibt Sophia an den König.

Von den Schreiben von 1696 wird später[3] die Rede sein.

Für jetzt also mag constatirt sein, dass der vornehmste der Gründe, aus denen Klopp die Lauheit der Herzogin herleitet, nämlich die Teilnahme für ihren unglücklichen Vetter, nicht stichhaltig ist, dass derselbe vielmehr anscheinend auf tendenzlöser Entstellung der Wahrheit beruht.

Nachdem dies Resultat gewonnen ist, kehren wir zum Ausgangspunkte unserer kritischen Abschweifung zurück.

Es war oben angenommen, dass eine Lauheit der Herzogin im Jahre 1689 wirklich bestanden habe. Damit stehen nun aber in Widerspruch die Handlungen der Herzogin, die anscheinend zur Herbeiführung der Benennung im Oberhause geführt haben. Es müsste daher der Ausdruck „Lauheit im Jahre 1689 gegenüber der aufgetauchten Aussicht“, näher definirt werden. Das tut Klopp aber nicht; er meint eben so wohl die Zeit vor der Benennung im Oberhause als nachher. Gleichwohl ist nach unseren tatsächlichen Angaben[4] bewiesen, dass die Herzogin ihre Bekanntschaft in England benutzte, um für Constatirung ihrer Rechte durch das Parlament zu wirken.

Eine andere Frage ist jetzt, ob Klopp recht hat zu be-

---

[1] Schaumann, Erwerbung der Krone von England. S. 51. [2] Schaumann, S. 50; Klopp, Fall des Hauses Stuart 4, S. 379. [3] cf. unten S. 81 f. [4] cf. S. 40.

haupten sie habe sich auch nach der Benennung im Oberhause
kühl verhalten.

Constatiren wir zuerst die Tatsachen. In der ersten
Sitzungsperiode des Parlamentes von 1689 nahm das Oberhaus
jenen Zusatz zu Gunsten des Hauses Hannover an, das Unter-
haus verwarf denselben am 19./29. Juni.[1] Beide Häuser ver-
handelten noch über die Angelegenheit, als die Geburt des Herzogs von Gloucester und die dann erfolgende Vertagung des
Parlamentes der Sache ein Ende machten. Im October, in der
2ten Session wurden die Verhandlungen wieder aufgenommen,
aber das Oberhaus beharrte jetzt nicht mehr auf dem Zusatze
offenbar aus Gründen, die Lord Craven[2] in einem Schreiben
vom 13. August an Sophia ausspricht: „Die unzweifelhaften Rechte
des Hauses Hannover schon jetzt auszusprechen, dazu hatte das
Oberhaus zu wenig Einfluss auf die Gemeinen; ferner sprachen
die Jugend der Königin und der Prinzessin Anna dagegen und
man durfte, fügt der Lord hinzu, durch einen Abschlag nicht
zu voreilig die ganze Sache auf's Spiel setzen.“

Alsdann ward die Bill der Rechte berathen, in der durch
den Ausschluss aller Papisten, wie oben gesagt, indirect die
Nachfolge des Hauses Hannover ausgesprochen war.

Von diesen Vorgängen erhielt die Herzogin Nachricht
durch den Sir William Colt, der in geheimer Sendung nach
Hannover kam und Briefe vom König und ihren Freunden ihr
überbrachte.[3]

König Wilhelm schrieb ihr,[4] es sei jetzt nur für passend
erachtet die Bill anzunehmen, welche die ewige Exclusion der
Papisten verfügte; denn das brächte die Succession hinter
Schloss und Riegel. Und wenn Jemand bevor die Succession
der Herzogin namentlich ausgesprochen sei, vorgeben sollte die
Religion zu wechseln, was sich aber wahrscheinlich nicht ereignen würde, so würde man das so ohne Weiteres nicht
glauben. Jedenfalls werde er alles Mögliche für die gesicherte

[1] The History of the House of Commons II, 333. [2] Schaumann, a. a. O., S. 49. [3] Diese Sendung fand Statt nach Schluss der ersten Session Ende August 1689; denn Schaumann führt S. 49 an, dass der Brief des Lord Craven vom 13. August sich unter den von Colt über-brachten befand. [4] Burnet, history of my own times. 4, 23 ff.

51

Thronfolge ihres Hauses tun." Aehnlich äusserten sich die übrigen Briefe.

Die Antwort der Herzogin ist den Verhältnissen entsprechend; abgesehen von allen Eventualitäten, die nach den Grundsätzen der Majorität des Parlaments sich in England ereignen konnten, war in Folge der Geburt des Herzogs von Gloucester die Succession für das Haus Hannover in weite Fernen gerückt. Sophia persönlich in einem Alter von 59 Jahren konnte kaum mehr hoffen, die englische Königskrone noch zu tragen. Eine gewisse Bitterkeit kann man in ihrer Antwort[1] finden:

„Sire. Es ist für mich eine so grosse Freude mit den Kundgebungen des Wohlwollens Ew. Majestät beehrt zu werden, dass ich mir die Freiheit nehme meinen ergebensten Dank dafür zu bezeigen. Der Ritter Colt hat mir genau dargelegt, wie sehr ich Ursache habe Ihnen verpflichtet zu sein. Ich will glauben, dass diejenigen, die dem Willen Ew. Majestät entgegenstreben, eine prophetische Begabung besitzen, die ihnen inspirirt, dass es nie an einem Nachfolger in England fehlen wird, von Seiten der königlichen Personen, die das Parlament bereits benannt hat. Was mich betrifft, so werde ich wohl nicht lange genug leben, um den ferneren Ausgang dieser Dinge zu schauen; aber, so lange ich athme, werde ich, mit allen den Meinigen, dem Dienste Ew. Majestät ergeben sein, um mir die Fortdauer der Ehre Ihrer Gnade zu bewahren."

Diesen Vorgängen gegenüber könnte man es eigentlich der Herzogin Sophia und ihrer Descendenz nicht verdenken, wenn sie sich den Successionsaussichten misstrauisch, kühl gegenüber stellte. War doch einmal durch den natürlichen Vorgang der Geburt des Herzogs von Gloucester und durch den ausgesprochenen Willen einer Majorität im Parlamente der Uebergang der Erbfolge auf das Haus Hannover weit hinausgeschoben, zum Mindesten erschwert, wenn nicht vielleicht gar auf's Spiel gesetzt.

Daher führt Klopp, um das persönliche Misbehagen der Herzogin zu charakterisiren, einmal den eben gegebenen Brief, sodann den vom 17./27. Juni 1689 an Leibniz geschriebenen an.

[1] Klopp, Leibniz Werke Bd. 7, S. 75.

4*

Dieser schon mehrfach erwähnte, in dem sie Leibniz gegenüber
zum ersten Male von ihren Aussichten berichtet, lautet:

„Ich habe einen Brief vom neuen König von England
erhalten, in dem er mir meldet, dass ich allen Grund habe mich
für das Wohl Englands zu interessiren, da voraussichtlich einer
meiner Söhne dort succediren wird. Nun ist jedoch die Prinzessin von Dänemark nahe der Geburt ihres 7ten Kindes, die
alle bis jetzt das Königreich des Himmels geerbt haben, um
mich der Krone näher zu bringen, es müsste denn sein, dass
dieses jetzige bestimmt sei die von England zu tragen.“

Nach diesen Aeusserungen kann man in der Tat Klopp
zugestehen, dass sich jetzt die Herzogin Sophia persönlich „lau“
verhielt.[1]) Nur darf man hinter dieser Lauheit keine Rücksicht
gegen Jakob II. und seinen Sohn, keine prinzipielle Abneigung
gegen die englische Succession vermuten. Merkwürdigerweise
weist aber Klopp an der betreffenden Stelle der Einleitung zum
7ten Bande der Werke von Leibniz auf einen Brief hin, der
diese prinzipielle Kühlheit beweisen soll, der aber, wenn man
ihn durchliest, gerade das Gegenteil besagt; und es ist sehr
wunderbar wie Klopp denselben zu Gunsten seiner Ansicht in
der Einleitung anführen kann, da man doch nur einige 20
Seiten nachzuschlagen brauchte, um ihn dort zu lesen. Es ist
dies ein Brief an den Bischof Burnet von Salisbury, undatirt,
aber offenbar aus dieser Zeit, ein Dankschreiben für die Bemühungen desselben in der Angelegenheit der Succession. Für
Klopp würde nur eine Stelle darin passend sein: „Ich bin
nicht mehr in einem Alter, um an ein anderes Königreich
zu denken, als an das des Himmels.“ Und da der übrige
Teil nicht in die Kloppschen Ansichten sich hineinfügen lasst,
so erwähnt er ihn im „Fall des Hauses Stuart“ auch nicht.
In diesem Briefe plaidirt die Herzogin beim Bischof Burnet
nämlich für einen ihrer Söhne, indirect für seine spätere Thron-

[1]) Da dieser Brief am 17./27. Juni geschrieben ist, konnte sie
freilich von der erst am 19./29. Juni erfolgten Abstimmung des Unter-
hauses nichts wissen. Wie viel mehr musste sie sich persönlich gekränkt fühlen, als sie von dieser Abstimmung erst erfuhr. Daher ihre
Bitterkeit in der Antwort an den König. Nun zieht sie sich persönlich zurück und denkt nur an ihre Kinder, cf. das Folgende.

folge; und dies würde sie doch gewiss nicht getan haben, wenn
sie lieber den unglücklichen Prinzen v. Wales auf den Thron
erhoben gewünscht hätte.

Sie spricht zuerst ihren Dank aus „de la ferveur, qu'
il vous a plû tesmoigner pous mes interests, was eine eben so
grosse Genugtuung für meine Person ist, als wenn Ihre guten
Absichten besser geglückt wären. Denn ich bin nicht mehr in
einem Alter, wo ich noch an ein anderes Königreich denke als
an das des Himmels; und was meine Söhne betrifft, so müssen
sie immer dem Könige und dem Königtum ergeben sein. Herr
Schütz (der hannoversche Gesandte in London) hat mir berichtet,
dass Ew. Reverenz überzeugt sei, Se. Majestät sähe es gern,
wenn ich einen von ihnen in England sehen liess; und da mein
zweiter Sohn[1]) mir bereits gemeldet hat, dass er es zufrieden sei
dorthin zu gehen, nach dem Feldzuge, um dem Könige Glück
zu wünschen zu seiner Thronbesteigung, — so wage ich es Ew.
Reverenz zu bitten ihn mit Ihren Ratschlägen zu unterstützen,
damit er die Interessen seines Hofes nützlich vertrete.

Wenn er seine Religion hätte ändern wollen, würde er
besseres Glück in seinen Angelegenheiten beim Kaiser gehabt
haben, (er war General-Major) aber er hat zu viel von seinem
Onkel, dem Prinzen Rupert, um nicht fest in seiner Religion
zu sein. Es ist wahr, dass sie den Namen Luthers trägt; aber
unsere hannoverschen Geistlichen sagen, sie stimme mit der
anglikanischen Religion überein und hätten mir gern das hei-
lige Sakrament geben wollen, obwohl ich meinen[2]) Glauben habe.
Ich habe aber den Anhängern meiner Religion kein Aergerniss
geben wollen und glaube, dass Ew. Reverenz dies billigen wird.
Indessen schulde ich Ihnen meinen Glückwunsch dafür, dass es
Gott gefallen hat, Ihnen einen König und eine Königin von
unendlichem Verdienst zu geben. Ich bitte ihn sie zu erhalten
und bin"[3]) —

Man ersieht, dass schon damals der Besuch eines hanno-

---

[1]) Die Herzogin zieht denselben stets den älteren Sohne vor.
[2]) Es ergiebt sich aus dieser Bemerkung, dass Sophia der anglikanischen Confession angehörte, was bisher von den Biographen wohl
noch nicht hervorgehoben worden ist. [3]) Der Brief steht Leibniz
Werke von Klopp, Bd. 7, S. 75 f.

verseben Prinzen in England geplant ist; soviel bekannt, hat derselbe nicht Statt gefunden. Es geht aber aus dem Briefe hervor, dass die Herzogin, nun anscheinend die Aussicht auf die Thronfolge für ihre Person zu weit hinausgerückt ist, doch dieselbe für ihre Kinder zu erhalten und zu befestigen sucht.

Resümiren wir jetzt kurz die Resultate unserer bisherigen Untersuchungen.

Es war dieser Abschnitt begonnen mit der ausgesproche-Vermutung, dass der Herzog von Hannover im Vollbesitz und Bewusstsein seiner absoluten fürstlichen Stellung, sobald die Aussicht an ihn herantrat, entweder für seine Gemahlin oder sein Haus das beschränkt - monarchische Königtum von England für seine Stammlande einzutauschen oder hinzuzugewinnen, schwere Bedenken empfinden und demnach handeln würde.

Es fand sich dann, dass auch seine Politik nicht dazu hinneigen konnte sich auf überseeische Unternehmungen einzulassen, da er vielmehr danach strebte seinem Hause eine fest consolidirte continentale Ländermasse zu gewinnen und im nördlichen Deutschland eine dominirende Herrschaft zu gründen. Demgemäss sprach er sich den Successionsansichten gegenüber aus. Er hielt die Sache für ein zweifelhaftes Project. Doch liess er seine Gemahlin eine Tätigkeit dafür entfalten.

Es trat danach das Verhalten der Herzogin Sophia, die ja auch vermöge ihrer Abstammung von den Stuarts dem Hause Hannover die Rechte auf die englische Krone zutrug, in den Vordergrund unserer Betrachtung.

Wir stellten, ehe wir auf Klopp's Ansicht eingingen, das Material, aus dem das Verhalten der Herzogin ersichtlich war, bis zur Benennung im Oberhause zusammen; es ergab sich, dass sie in England für Constatirung ihrer Rechte tätig und also bereit war entweder selbst den englischen Königsthron einst einzunehmen oder doch für die Rechte eines ihrer Kinder zu wirken. Das Haus Hannover schien also geneigt sich einer beschränkten Prärogative zu unterwerfen.

Unter diesen Umständen war es auffällig, dass Klopp von einer „Lauheit" sprach, die aus dem Dishorigon nicht ersichtlich war. Wir sahen die „Lauheit" als vorhanden an und deducirten nun von der Annahme, dass Klopp tendenziös gearbeitet, dass der Hauptgrund für diese „Lauheit" in der Tat aus einer tendenzlösen Entstellung der Wahrheit bergeleitet war.

Wir gingen dann aber auf die Vorgänge nach dem 9ten Mai, die Klopp schon im Allgemeinen in seine Behauptungen hineingezogen hatte, und fanden ein persönliches Misbehagen der Herzogin gegen die Aussicht auf die Succession ihres hohen Alters wegen und wegen des Mislingens ihrer Bemühungen; für die Rechte ihrer Kinder trat sie dagegen auch ferner noch ein.

Klopp begeht also den Fehler ihr persönlich kühleres Benehmen gegen die Succession in der Zeit nach dem 9ten Mai und den darauf folgenden Vorgängen auf das Allgemeine zu übertragen und für diese „Lauheit" einen falschen prinzipiellen Grund der Herzogin unterzuschieben.

Da Klopp nun nicht alle Schriftstücke benutzt oder wenigstens manche falsch, wohl aber, wie aus seinem Buche, Fall des Hauses Stuart, wo er Band 4, Seite 461 den Schaumann'-schen Artikel in der Zeitschrift des historischen Vereins für Niedersachsen anführt, hervorgeht, das ganze Material kennt, so glauben wir berechtigt zu sein, dies Verfahren ein tendenziöses, in dem oben angegebenen Sinne, zu nennen.

Diese Tendenz wird ganz klar werden bei der Betrachtung der Verhältnisse im Jahre 1700/1701.

56

Die hannoversche Politik im Jahre 1700–1701.

Die Geburt des Herzogs von Gloucester hatte besonders
dazu beigetragen die Aussichten auf die englische Thronfolge
für das Haus Hannover in weite Ferne zu rücken.

Es ergab sich aber bald, dass dieser Prinz auf die Dauer
nicht lebensfähig sein werde.

Bereits im Jahre 1693 sagt der König[1]) im Beglaubi-
gungsschreiben des für den hannoverschen Hof bestimmten Gesandten Cressel, er werde der Herzogin gegenüber unverbrüch-
lich an den alten verabredeten Plänen festhalten; das heisst
also im günstigen Augenblick dahin wirken, dass die Rechte
des Hauses Hannover durch das Parlament ausgesprochen und
definitiv sichergestellt würden. Im Jahre 1698[2]) in Celle anwesend sprach sich Wilhelm III. in gleichem Sinne aus, ebenso
am 25. Juni 1699: „Ich habe Alles getan, was mir möglich
war, um Ihnen endlich Genugtuung zu verschaffen, was, wie ich
nicht zweifle, in sehr kurzer Zeit geschehen wird."

Am 30. Juli 1700 starb der Herzog von Gloucester.
Dem gegenüber ist es nun wunderbar, dass die damalige Kurfürstin, auch im Namen ihres ältesten Sohnes jetzt ein ablehnendes Verhalten gegenüber der Succession zeigt. An Leibniz schreibt
sie am 15. August dieses Jahres: „wenn ich jünger wäre, so
hätte ich jetzt Gelegenheit mir auf die Krone Hoffnung zu machen, aber gegenwärtig würde ich, wenn ich die Wahl hätte,
vorziehen meine Jahre wachsen zu sehen als meine Grösse."

---

[1]) Schaumann a. a. O. S. 49f. [2]) Klopp, Werke von Leibniz, 8, S.
103 ff; 107. Schaumann, S. 50 f.

Aehnlich an den englischen Diplomaten Stepney[1]) als Antwort auf dessen Brief, worüber unten[2]): „Wenn ich dreissig Jahre jünger wäre, so würde ich allerdings noch ein gutes Vertrauen auf meine Lebenskraft und Religion haben um zu glauben, dass man an mich in England denkt. Aber jetzt, wo noch zwei Personen vorhanden sind, die ich wohl nicht überlebe, da muss ich fürchten, dass man nach meinem Tode meine Söhne als Fremde ansehen wird" etc.

Wie ist dieses zurückweisende Benehmen zu erklären? Nach Klopp „lehnt sie in diesem Briefe die Succession ab und weist hin auf das Recht des Prinzen von Wales."

Dies wird später zu untersuchen sein. Wenden wir uns in Kurzem zuerst zur Betrachtung der Lage des hannoverschen Hofes.

Auch im Jahre 1700 tritt uns in der Successionsangelegenheit die Person der jetzigen Kurfürstin Sophia entgegen. Man kommt leicht auf den Gedanken, dass sie politisch eine hervorragende Rolle an dem Hofe gespielt habe.

In der Geschichte jener Zeit war sie jedenfalls eine hervorragende Persönlichkeit.[3]) Wer ihre Briefe liest, kann sich dem Eindrucke eines grossen Interesses nicht verschliessen. Geist und Witz, dazu ein guter Humor, leuchtet aus ihnen hervor. Sei es, dass sie sich in Philosophie mit Leibniz ergeht, sei es, dass sie über hohe Politik plaudert oder sich nach dem Befinden ihrer Kinder erkundigt, sie nimmt immer Wendungen, Ausdrücke, Paradoxieen, die den lebhaften Schwung ihres Geistes verraten.

Demgemäss hatte sie auch eine sehr ausgebreitete Correspondenz. Abgesehen von dem Briefwechsel mit ihren Verwandten, Leibniz und den englichen Freunden beförderte sie brieflich die grosse kirchliche Reunionsbewegung des 17. Jahrhunderts. Um sie sammelten sich Gelehrte, Diplomaten, Rei-

---

[1]) Klopp, Leibniz 8, S. 214. [2]) cf. S. 72. [3]) Spittler, a. a. O. II, S. 315; Feder, Kurfürstin Sophie von Hannover im Umriss Hannover, p. 87 ff. Nöldeke, Sophie, Kurfürstin von Hannover. Hannover 1876. Toland, Relation von den königl. preuss. und hannov. Höfen. Frankfurt 1706 S. 98 ff. Gregorio Léti, a. a. O. S. 381. Klopp, Fall des Hauses Stuart 4, 474 ff.

sende aller Art. Das Bild, das uns von diesen über die Fürstin
entworfen wird, entspricht dem Eindruck der Briefe. Alle
rühmen ihre Klugheit, ihre Kenntnisse, ihren lebhaften Geist;
bis in ihr hohes Alter bewahrte sie ihre geistige Frische.
Jene Berichte schildern dazu in den glänzendsten Farben ihre
körperliche Schönheit, ihren stattlichen Wuchs, ihr anmuthiges
Benehmen, ebenso auch ihre fürstliche Würde.

Ueber die Stellung der Fürstin am hannoverschen Hofe,
über ihr Verhältnis zu den Persönlichkeiten ihres Gatten und
ihres Sohnes und zu der hannoverschen Politik muss man
grossentheils Kemble's Ansicht[1]) beistimmen. Auch wird dieselbe
im Verlaufe der Untersuchung ihre Bestätigung erhalten.

Man sollte denken, dass eine an Vorzügen des Geistes
und Körpers so reiche Persönlichkeit, wie die Herzogin Sophia
es war, das Vertrauen und die Zuneigung ihres Gemahls, die
Hochachtung und Ehrfurcht ihres Sohnes in vollem Maasse besessen haben müsste.

Allein Ernst August war bei aller hervorragenden Bedeutung doch ein Kind seiner Zeit. Schon aus dem bisher Ge-
sagten kann man sich eine Karakteristik von ihm bilden. Die
Consequenz seiner Politik, seine militärische Tüchtigkeit, die
Klarheit seiner Ziele, die richtige Auswahl diplomatischer und
literarisch hervorragender Capacitäten kennzeichnen ihn als
einen Mann von nicht gewöhnlicher Begabung, als einen ge-
wandten Staatsmann, als einen schneidigen Charakter. Er
hatte wohl einen Schimmer des grossen Franzosenkönigs an
sich; le siècle de Louis quatorze übte aber noch in anderer
Beziehung seinen Einfluss auf ihn aus. v. Ilten[2]) erzählt uns
in seinen Memoiren, als er in den achtziger Jahren an den
hannoverschen Hof kam, war das Erste, was er tat, dass er
sich die Gunst der Gräfin von Platen zu erwerben suchte, die
damals schon Alles am Hofe vermochte.

Und doch, mochte Ernst August aus seiner Galanterie
ein Vorwurf gemacht werden können, „er[3]) vergass niemals den
Respect, und ganz besonders den äusseren Schein der Zunei-

---

[1]) Kemble, State Papers and Correspondence London 1857. [2])
Denkwürdigkeiten des Ministers Jobst von Ilten. Vaterländisches
Archiv 1836. Heft VI. 3) Kemble a. a. O. S. 17.

gung, die er seiner vortrefflichen Gattin schuldig war, noch
dunkele er es, dass Andere die Aufmerksamkeit vergassen,
welche sie ein Recht hatte zu beanspruchen."

Andere war ihr persönliches Verhältnis zu ihrem Sohne
Georg Ludwig. Mochte dieser Fürst, welcher im Jahre 1698
seinem Vater im Regimente folgte, die gleichen Wege der
Politik einschlagen, beraten von Staatsmännern wie Bernstorff,
was seinen Charakter betrifft, so erblicken wir ein Bild, das
verunziert ist durch böse Flecken. An den Namen Georg Ludwigs knüpfen sich die Vorgänge der ersten Hälfte der Regierungszeit seines Vaters, die Verschwörung der jüngeren Söhne
gegen den Erstgeborenen, die Hinrichtung des Jägermeisters
von Moltke im Jahre 1692; an der dunklen Begebenheit des
Jahres 1694, der Ermordung des Grafen Königsmark, und der
Gefangenhaltung der unglückseligen Sophia Dorothea auf dem
Schlosse Ahlden war ebenfalls in hohem Grade beteiligt die
abstossende, kalte Persönlichkeit desselben Prinzen. —

„Es ist in der Tat nur zu wahr", sagt Kemble,[1]) dass
das Benehmen dieses Prinzen gegen seine Mutter gekennzeichnet
wird durch Rauhheit und Nachlässigkeit".

In den schärfsten Ausdrücken äussert sich aber ihn Elisabeth Charlotte: „Argwohn, Stolz und Geiz machen diesen
Kurfürsten zu dem, was er ist". Mochte sie übertrieben haben,
die von Georg Ludwig durch Mangel an Höflichkeit einst ver-
letzt war, Sophia selbst giebt hier und da eine Andeutung von
dem schlechten Verhältnis zu ihrem Sohne; sie beklagt sich
manchmal, dass ihre Empfehlung alter und treuer Diener ihres
Hauses von ihm nicht sonderlich beachtet sei.

Ueber den Einfluss der Fürstin auf die Politik ihres
Gatten und Sohnes gehen die Berichte auseinander. Man muss
allerdings mit einer bedeutenden Einschränkung den Worten
v. Ilten's[2]) glauben, eine Ueberzeugung, die auch Kemble gewonnen hat, „sie wurde stets fern gehalten und war ohne Einfluss bei Staatsangelegenheiten, sowohl unter der Regierung
ihres Gemahls als ihres Sohnes". Vielleicht darf man nämlich
hinzusetzen, ohne Einfluss auf die continentale Politik des Hauses

[1]) a. a. o. S. 20. [2]) Feder, Sophie von Hannover. S. 89 und
Kemble a. a. O.

Hannover; ihre Bedeutung in der überseeischen Successionsfrage ist bereits oben besprochen, sie rechtfertigt sich durch
die directe Beziehung ihrer Persönlichkeit zur englischen Succession, und wird weiter unten im eminenten Sinne hervor-
treten. Gleichwohl darf man nicht glauben, dass sie, mochte
man ihr in der Successionsangelegenheit auch vielfach freien
Spielraum lassen, eine den Tendenzen ihres Sohnes widerspre-
chende Politik begünstigen durfte. Jetzt zeigte sie sich zu-
rückhaltend; und sie handelte offenbar im Sinne ihres Sohnes.

Wir haben oben gesehen, mit wie zweifelhaften Augen in
Anfang Ernst August den Vorschlag der Succession ansah, wie
er zur Beförderung der Realisirung desselben selbst wenig zu tun
schien, wie er jedoch mit der Zeit auf die Sache einging und
es gestattete, dass Sophia eine grosse Tätigkeit entfaltete. Als
dann im Jahre 1698 Georg Ludwig dem Vater in Hannover
folgte, waren die Aussichten des Hauses Hannover um ein gut
Teil fortgeschritten; sogar der König von England selbst beförderte die Succession.

Bei dieser Gunst der Verhältnisse nun bemerkt man ein
ablehnendes Verhalten der hannoverschen, und da die Politik
des Herzogs von Celle seit der Union des Jahres 1689 (cf.
S. 35) mit der hannoverschen sich deckte, auch der celleschen
Politik. Woher ist diese Abgeneigtheit zu erklären?

Man kann verschiedene Gründe anstellen, um sie zu den-
ten. Einmal ist die Lage des Hannoverschen Staates selbst
in's Auge zu fassen. Georg Ludwig hatte die Politik seines
Vaters aufgenommen; es galt die Bestätigung der Kur durch
die Majorität der Reichsfürsten zu erlangen. Es ist früher bereits angedeutet, wie sich am Ausgange des Jahrhunderts der
Widerstand der Fürsten systematisch verstärkte. Dazu kamen
neue Verwickelungen, die schon lange gedroht hatten, in den
nordischen Krieg, in den spanischen Erbfolgekrieg, die politische Umsicht erforderten und gerade im Jahre 1700 das kleine

---

*) cf. auch den Schaumannschen Artikel S. 67 f., den derselbe
recapitulirt hat, wenigstens zum Teil, in seiner Geschichte der Erwerbung der Krone Grossbritaniens von Seiten des Hauses Hannover.
Hannover, 1878, S. 48 ff.

norddeutsche Fürstentum in eine bedrängte Lage versetzt halten. Nach der Deteiligung Hannovers am Kriegszuge gegen Tönningen rückten vor dem Abschluss des Travendahler Friedens sächsische Truppen in die Kurlande ein und brandschatzten mehrere Ortschaften. Zu gleicher Zeit fast legte der englische Gesandte Cresset [1]) den hannoverschen und celleschen Geheimräten den spanischen Teilungsvertrag vor mit der Aufforderung sich für dessen Garantie und Aufrechthaltung zu erklären. Man wagte sich nicht definitiv in Hannover zu entscheiden, da man fürchtete, alsdann eine grössere Anzahl Frankreich günstiger Stimmen in der Kurfrage gegen sich zu erhalten.

Diese verwickelten Verhältnisse nötigten schon den Kurfürsten zu einer gewissen Reserve.

Einen zweiten Grund direct gegen die Succession eingenommen zu sein bot nun aber der Entwickelungsgang des englischen Staatswesens.

Leibniz spricht sich über denselben in einer Denkschrift [2]) aus, die etwa um die Mitte Januar 1701 verfasst ist, ein Memorial, dessen Bestimmung uns später beschäftigen wird.

Er sagt, Abschnitt 3: „Man darf nicht daran zweifeln, dass die Angelegenheit (der Succession) die wichtigste ist, welche jemals das Haus Braunschweig betroffen hat, seitdem das Reich besteht. Die drei Königreiche, welche Grossbritannien bilden, stellen eine Macht dar, welche ehemals sehr furchtbar gewesen ist und bis zur jetzigen Zeit eine Art von Gleichgewicht in der Christenheit aufrecht erhalten hat. Und ist es nicht wahr, dass von den Beschlüssen, welche man jetzt dort fasst, das Schicksal Europas abhängt? Es ist richtig, dass ein König von England viel Klugheit und Mässigung nötig hat, um Leute zu regieren, die so viel Schwierigkeit machen und so eifersüchtig sind auf ihre Freiheit. Aber es ist auch ruhmvoll für einen Fürsten, nicht seinen Bequemlichkeiten und Vergnügungen nachzuhängen, sondern zu bedenken, dass er nur gross ist, wenn er für das allgemeine Wohl Sorge trägt. Ich bezweifle nicht, dass ein König, welcher diese Grundsätze hat,

---

[1]) Schaumann a. a. O. S. 57. Anmerkung.   [2]) Klopp, Leibnitz 8, S. 228 f.

uur durchaus rühmlich herrschen kann. Und es würde eine Nachlässigkeit oder Gleichgültigkeit sein, die grosser Menschen unwürdig und eine Blame in den Augen der Nachwelt ist, wenn man saumselig wäre in einer Angelegenheit, die geeignet ist das Haus auf eine höhere Stufe der Würde und des Ansehens zu erheben, und wenn man sich abschrecken liesse allein durch die Furcht vor Mühsalen und Schwierigkeiten, die verknüpft sind mit dem Gewicht der Krone."

Leibniz fährt dann fort: Diese Schwierigkeiten könnten sich einmal vermindern oder aufhören, was bei der Unbeständigkeit der menschlichen Dinge wohl zu glauben wäre. Denn die Könige Heinrich VII und VIII., die Königinnen Marie und Elisabeth und selbst der König Jakob I. seien noch durchweg die Herren und Meister gewesen. Dann sei es allerdings anders gekommen.

Hinwiederum Wilhelm III. habe mehrere Jahre mit der Königin Marie in Ruhe und Frieden geherrscht, ohne den geringsten Widerspruch seines Parlaments zu erfahren. „Aber die grossen Hindernisse, welche nicht gestatteten, dass die unvergleichliche Klugheit und Herzhaftigkeit des Königs ganz den Erfolg haben konnten, der zu wünschen gewesen wäre, und die ungeheuren Geldsummen, welche alle Jahre aus dem Lande flossen und England mit gänzlicher Erschöpfung bedrohten, gaben den Unzufriedenen, woran es einer grossen Nation nie fehlt, guten Vorwand zu Cabalen; und sie fanden ein Mittel die Staatsaffairen in Unordnung zu bringen unter der scheinbaren Wahrscheinlichkeit den Münzfuss zu rectificiren.

Der König, aus Liebe für das öffentliche Wohl, gab einige Rechte der Krone auf; aber die Unmöglichkeit, den Krieg auf dem Fusse, wie die Sachen standen, fortzuführen und die fortwährende Zunahme der Unzufriedenen zwangen ihn zum Frieden von Ryswick die Hand zu reichen, der für ihn ruhmvoll war und die öffentliche Ruhe auf festen Grundlagen hätte aufrichten können, wenn diejenigen, deren Interesse an ihn Forderungen stellte, mit ihm im Einverständnis hätten sein wollen. Indes man sieht, dass es nicht in der Natur und Gewohnheit der Engländer liegt, sich viel Mühe um ihre Könige zu geben; und was wir haben eintreten sehen, kommt von besonderen

Umständen her, die ich jedoch nicht habe alle berühren wollen,
weil man sie genugsam kennt".

Es ist dieser Grund also der constitutionelle; den wir
oben vermutungsweise angedeutet hatten. Er liegt eben in den
„Mühsalen und Schwierigkeiten, die mit dem Gewicht der Krone
verknüpft sind".

König Wilhelm, der in dem grossen Kriege gebunden
war an die Geldbewilligungen des Parlaments, musste es sich
gefallen lassen, dass mit jeder neuen Forderung seinerseits das
Parlament gegen die königliche Prärogative seinen Angriff rich-
tete und Schritt für Schritt als Aequivalent seine Rechte er-
weiterte und festsetzte.

Die Signatur der Regierungszeit König Wilhelms ist eben
die allmähliche Abrundung des englischen Staatswesens zur
parlamentarischen Regierung.

Während des Krieges war die finanzielle Notlage Englands noch ein Vorwand für die Haltung des Parlaments gewesen. Durch die Reduction des Heeres, den Sturz der Minister in der Zurücknahme der Landverleihungen in Irland ward
aber der König aufs Empfindlichste sogar in seiner persönlichen Ehre und Würde gekränkt. Man sagte in den Debatten
von ihm, dass er Güter des Staats nach seinen persönlichen
Gelüsten vergeudet habe. Und als dieser König, der nach
glücklicher ruhmvoller Beendigung des grossen neunjährigen
Krieges für den Fall der Erledigung der spanischen Succession
es für durchaus nötig hielt, dass England militärisch gerüstet
bleibe, damit er das Werk seines Lebens, die Ueberwindung
des Uebergewichts Frankreichs in Europa, vollende, das Heer
in seiner vollen Stärke beibehalten will, erheben sich gegen
ihn die englischen Parteien, die in dieser Armee eine Gefähr-
dung ihrer Rechte und Freiheiten sahen und setzten trotz der
grössten Erregtheit des Königs es durch, dass das Heer auf-
gelöst ward.

Wilhelm III. fühlte sich angeekelt von diesem Treiben;
er hat in dieser Zeit daran gedacht, England sich selbst zu
überlassen und nach Holland zurückzukehren[1]).

---

[1]) Ranke Werke, Bd. 20, S. 187 u. 188.

Wenn man diese Lage der Dinge erwägt, begreift man, dass ein deutscher Fürst, der gewohnt war, seinen Unterlanen gegenüber als „schneidiger Souverän aufzutreten",[1] nicht geneigt sein konnte in einem Lande König zu werden, dessen Regierung er nicht ohne die grösste persönliche Beschränkung führen würde.

Noch ein dritter Grund mag hier angedeutet werden. Es war vorhin erwähnt die Aeusserung der Elisabeth Charlotte über die argwöhnische, stolze und geizige Gesinnung des Kurfürsten. Nun ist bekannt, dass auch nachdem die Successionsacte im Jahre 1701 sanctionirt war, während der Regierungszeit der Königin Anna Georg Ludwig sich möglichst fern hielt von einer Einmischung in das englische Parteileben; dass er alle Tätigkeit seiner Mutter überliess und dies ganz besonders aus dem Grunde, weil er in zu grosse Ausgaben gestürzt würde nur um einen Teil der englischen Nobilität bei guter Gesinnung zu erhalten.[2]

Dies sah er wohl vor 1701 bereits ein; denn Leibniz[3] sagt in einer anderen Denkschrift aus den ersten Monaten dieses Jahres: „Es wird Jemand einwenden, dass die Verfügung des Parlamentes, wenn man die Benennung durchsetzte, um die es sich handelt, durchaus nicht ganz die Wirkung unseres Rechtes sicher stellt, eben wegen der Veränderungen, denen England nur zu sehr unterworfen ist.

Aus dem Grunde wird es durchaus ungeeignet sein übermässige Ausgaben zu machen für eine Zukunft, die nur zu unsicher ist. Das hindert jedoch nicht Alles zu tun, was möglich ist, auf vernünftigem Wege ohne dabei Gold, Ruhm oder Interessen aufs Spiel zu setzen. Denn es ist eine allgemeine Regel: wenn man anscheinend einen grossen Vorteil erringen kann, der nur Sorgfalt erfordert, so darf man sie nicht schonen".

Leibniz spricht hier im Sinne des Kurfürsten; der Ausdruck „Geiz" von der Elisabeth Charlotte angewandt, erscheint jedoch wohl zu stark; im Gegenteil, man kann dem Fürsten nicht verlenken, dass er jetzt, bei noch verhältnissmässig trüben Aussichten, eine gewisse Oekonomie aumpfahl und trieb.

---

[1] cf. Antwort der Kurfürstin Sophia an Stepney, S. 92. [2] Kemble a. a. O. S. 45. [3] Klopp, Leibniz 6, S. 254.

Damit mag die Situation des hannoverschen Hofes am Ausgang des 17ten Jahrhunderts, seine reservirte Haltung gekennzeichnet und begründet sein.

In diese Verhältnisse fiel nun ein Brief des oben [1] erwähnten Stepney, der sich zur Zeit in London aufhielt, ein bedeutungsvolles, für die damalige Lage Englands charakteristisches Schreiben. Dasselbe ist datirt vom 11./21. September 1700, also einige Monate nach dem Tode des Herzogs von Gloucester.

Man sieht aus dem Briefe, welche Parteiumtriebe England durchwühlten, einmal von Seiten der sog. Republikaner, andrerseits der Jakobiten.

Es herrschte nach dem Tode jenes Herzogs das Gerücht,[2] Anna wolle, sobald sie zur Herrschaft gelangt sei, die Stuarts wieder einführen.

Aber andrerseits wurde verbreitet, Wilhelm wolle Anna überhaupt von der Thronfolge ausschliessen und bewirken, dass gleich nach seinem Tode Sophia und das Haus Hannover nachfolgen sollten.

Kurzum, eine grosse Aufregung hatte sich der Gemüter in England bemächtigt. Zugleich rückte die spanische Erbfolgefrage immer näher.

Unter diesen Umständen musste dem Könige daran liegen, über die Ansichten des hannoverschen Hofes Klarheit zu erlangen oder sie in Hannover hervorzurufen, resp. die Fürstlichkeiten zu gewinnen.

Die Kurfürstin kannte seine persönliche wohlwollende Gesinnung für die Succession ihres Hauses, aber sie wusste auch von seiner Ohnmacht gegenüber dem Parlamente. Daher musste das Schreiben Stepney's in dem Sinne verfasst sein, als sei es aus dessen eigener Initiative hervorgegangen, als eines Mannes, der die englischen Verhältnisse genau kennt und sich eines gewissen Einflusses auf die leitenden Kreise rühmen kann. Der Brief[3] lautet folgendermassen, datirt 11./21. Sept. 1700:

„Madame. Ich wage mir zu schmeicheln, dass die unverbrüchliche Ergebenheit, die ich immer Ew. Hoheit und Ihrem

---

[1] cf. S. 9. [2] Schaumann, a. a. O. S. 55. [3] Klopp, Leibniz Werke 8, S. 208 ff.

Hause bewahrt habe, mich schützen wird, wenn ich mir die
Freiheit nehme mich direct an Ew. Hoheit zu wenden, in einer
delicaten Angelegenheit für einen Privatmann, wie ich es bin,
ohne zu warten, bis Sr. Majestät oder das Parlament ihre Meinungen darüber geäussert haben.

Durch den Tod des Herzogs von Gloucester ist die Aussicht auf die Succession sehr verkürzt, und die Klugheit ver-
langt, dass das Parlament daran denke sie zu erweitern, ehe
ein verhängnisvolles Geschick den Faden ganz abschneidet.
Sr. Majestät steht im vorgerückten Alter, und um das Unglück
noch zu vermehren, seine Gesundheit wird täglich unbeständiger,
ebenso wie die der Prinzessin von Dänemark.[1]) Und da man
Grund hat zu glauben, dass weder aus der einen noch der
andern Linie Nachkommen hervorgehen werden, so ist es von
entscheidender Wichtigkeit, dass wir, so lange es noch Zeit ist,
an die geeigneten Mittel denken, um den Unannehmlichkeiten
zuvorzukommen, die wir ohne dies unzweifelhaft eintreten sehen.

Das Unglück[2]) das die Engländer erfahren haben seit der
Zeit Karls I. und Jakobs II., und die übermässige Liebe, die
wir für die Freiheit stets bezeigen, lässt besonders Fremde zu
dem Glauben verleiten, als wenn wir einen allgemeinen Widerwillen gegen die Monarchie als solche hätten, und als wenn
unsere natürliche Neigung zu Neuerungen uns leicht dazu veranlassen könnte zu versuchen, ob es ein Mittel gäbe, eine Republik auf einer so sicheren Grundlage zu errichten, dass der
Ehrgeiz eines einzigen Mannes nicht im Stande wäre sie umzustürzen, wie dies Cromwell getan hat.

Es ist auch wahr, dass die unruhigen Geister, an denen
unser Land sehr fruchtbar ist, ihr Gefallen daran finden mehr
als je sich mit gefährlichen Büchern, die diesen Stoff behandeln,
abzugeben, wie Sidney: of Government, Harrington's Oceana
etc., von denen das letzte berüchtigt ist, weil es von einem geschickten Manne aus der Zeit der Rebellion geschrieben und
seit Kurzem von einem Freidenker. Namens Toland, in einer
guten Buchhandlung publicirt ist, als wenn die gegenwärtige
Lage ähnliche Gesinnungen begünstige. Aber ungeachtet un-

---

[1]) Er meint eben Anna, die spätere Königin. [2]) cf. oben S. 9.

serer gewöhnlichen Leichtfertigkeit und der Kunstgriffe von Unglücklichen, (die keine andere Hoffnung haben ihr Glück zu machen als bei öffentlichen Umwälzungen) wage ich Ew. Hoheit bestimmt zu versichern, dass für die kurze Zeit, wo ich die Natur der Engländer kenne, dieselben keineswegs republicanischen[1]) Principien geneigt sind. Auch ist das System unserer Gesetze denselben geradezu entgegengesetzt. Das Andenken an das Jahr 1648 macht uns noch Schrecken, ebensowohl, als die Aussicht auf Bürgerkriege, die wir unfehlbar auszustehen hätten, bevor wir noch über die Form, in der wir unsere imaginäre Republik haben wollten, einig geworden wären.

Die Lords werden es nicht dulden, dass das Volk ihnen gleich sei wie in Holland; und die Gemeinen werden sich nie der despotischen Tyrannei der Lords unterwerfen nach dem Muster von Venedig. Eine Mischung dieser beiden Staaten mit einem Capitän-General an der Spitze als „sichtbares Abzeichen der Regierung"[2]) ist ein ganz hübsches Projekt auf dem Papier, aber die praktische Ausführung wird man bei uns unmöglich finden. Man wird sich nie einem Oberhaupte fügen, das Landeskind ist; so gross ist die allgemeine Eifersucht, dass ein angesehenes Haus nie den Vorzug haben dürfte über alle andern. Man muss ferner gestehen, ungeachtet der Scham, die wir darüber empfinden sollten, wird man unter unserem entarteten Adel nicht eine einzige Person finden, die hervorragende Tüchtigkeit genug besässe diese Würde zu verdienen oder selbst genug Herz sie zu behaupten zu wagen.

Da man nun derartige Blössen bei uns hat, wird man genötigt sein, im fremden Lande einen Fürsten zu suchen, der fähig ist zu regieren.

Die Ersten, welche sich uns darbieten, sind die von St. Germain,[3]) die noch unter uns eine kleine zerrüttete Partei haben, die jedoch sehr stark werden könnte durch den Beitritt von Leuten, die zu furchtsam oder zu politisch sind. Denn ich zweifle nicht, dass es Leute giebt, die um ihre Personen und Güter in Sicherheit zu bringen (ungeachtet der Vorsicht, die

---

[1]) cf. oben S. 9 ff. [2]) Worauf Stepney hier anspielt, habe ich nicht herausgefunden; vielleicht theoretisirt Sidney oder Harrington so. [3]) Der Aufenthaltsort der Stuarts bei Paris.

wir oben, um alle Correspondenz aufzufangen) jeden Augenblick irgend ein geheimes Mittel finden, um eine besondere Unterhandlung einzugehen, in dem Glauben, dass früher oder später die Nation einmal dahin zurückkehre, Geneigtheit, wie ehemals, für die edlen Verbannten zu fassen. Dies würde sich unfehlbar ereignen, wenn wir schwach genug wären, uns einzubilden, dass man mit der Zeit das Andenken an ihre Leiden auslöschen und für die Zukunft eine Regierung erhalten könnte, die gemässigter wäre ebenso in Betreff unserer Freiheiten als unserer Gewissen. Aber welche Aussicht ist vorhanden, dass eine italienische[1]) Königin sich der Rache enthalte, einer Leidenschaft, die ihre Nation liebt? Welche Sicherheit bietet es sodann für unsere Religion, wenn ein König, der, weit entfernt, die Priester zu hassen, deren Opfer er ist, es mit Vergnügen leidet, dass der französische Clerus ihm schmeichelhafte Reden hält über seinen unbedachtsamen Eifer,[2]) obwohl dieser gerade ihn vom Throne gestürzt hat und verhindern wird, dass er ihn je besteige?

Was den Sohn betrifft, so werde ich mich nicht lange bei dem Artikel über seine Geburt aufhalten, deshalb weil ich zur Zeit nicht in England anwesend war, als er zur Welt kam, und seitdem nicht genügend aufgeklärt bin über die Ursachen dieser Angelegenheit, um meine Gesinnung dafür oder dagegen auszusprechen zu wagen. Ich gestehe, Madame, dass die Geburt der Prinzessin in Frankreich (wobei der verstorbene Abbé Dallati von Seiten Ew. Hoheit zugegen war) mir ein sehr günstiger Umstand zu sein scheint; aber es ereignet sich fast immer, dass das Urteil sich zuvor einnehmen lässt durch das, was in unserem Interesse zu liegen scheint, und dass wir nur mit Mühe glauben, was wir nicht wünschen. Ich rede von den Engländern, Madame, deren Art ein wenig leichtgläubig ist; und da das Parlament nicht für gut fand, vor 11 Jahren zur rechten Zeit darüber Nachforschungen anzustellen, hat es geringen Anschein, dass es sich nachher noch genug Mühe geben wird das Geheimnis zu ergründen.

---

[1]) Die zweite Gemahlin Jakobs II. war eine Prinzessin von Modena. [2]) sc. gegen den Anglikanismus u. die englische Verfassung.

Es giebt jedoch noch bei uns Leute, die sehr für die „directe Linie" eingenommen sind, und öfters die Klage vernehmen zu lassen wagen, dass man durch die letzte Massregel eine solche Bresche in die Erbfolge legte, indem man den König der Prinzessin vorzog.

Es giebt auch andere, die behaupten, dass die Missetat des Vaters nicht auch die Ausschliessung des Sohnes herbeiführen sollte, besonders wenn er zur rechten Zeit die katholische Religion verlässt, um in der unseren sich unterrichten zu lassen, wozu er, wie man vorgiebt, sich anschicke. Aber die Beispiele unserer letzten beiden Könige sind stark genug, uns zu überzeugen, dass man niemals wahrhaft und von Herzensgrund das Princip des Glaubens verlässt, in dem man seit der ersten Jugend erzogen ist.

Ausser dem religiösen Grund giebt es noch einen politischen, weshalb dieser Prinz uns nicht passt.

Europa empfindet noch die Wirkungen der Gefälligkeiten, die Karl II. einem benachbarten Könige erzeigte, von dem er in dem Rufe stand ein Jahrgeld zu beziehen. Um wie viel eher wird dieser kleine Prinz, der seit seiner Kindheit mit seinem ganzen Hause auf Kosten Frankreichs erzogen ist, verpflichtet sein, unauflöslich an die Interessen dieser Krone gebunden zu bleiben, schon aus dem Grunde einer schönen Dankbarkeit, selbst nachdem wir Abrechnung gehalten hätten, über alles, womit man ihn versorgt hat, bis auf den letzten Sou und mit grossen Zinsen.

Man könnte noch hinzufügen, dass ein Fürst, der immer eine absolute Monarchie vor Augen gehabt hat, deren Willen das Gesetz untergeordnet ist, mit ihr eigenmächtige Grundsätze zurückführen wird, die nie im Geschmack einer Nation sein werden, die so eifersüchtig ist auf ihre Freiheiten wie die unsrige bis auf den letzten Punkt.

Es ist nicht notwendig, dass ich den Herzog von Savoyen, die Herzogin von Hannover[1]) oder deren Linie erwähne, die wegen ihrer katholischen Religion sind erklärt worden „unfähig

[1]) Die noch lebende Gemahlin des 1679 verstorbenen Herzogs Johann Friedrich von Hannover, eine Französin.

zu erben, zu besitzen oder zu geniessen die Krone und Regierung dieses Königreichs" etc.

Durch dasselbe Gesetz ist bestimmt: „die Krone und Regierung soll beerbt und besessen werden von einer solchen Person oder solchen Personen, die Protestanten sind, in derselben Weise, als dieselbe beerbt und besessen war von einer Person oder von Personen, die nun, weil sie in oben genannter Religion das Abendmahl genommen oder geheiratet haben oder dieselbe bekennen, für natürlich todt gehalten werden."

Die menschliche Klugheit vermag niemals deutlichere und ausdrücklichere Worte zu finden, als diese, um anzuzeigen und zu bezeichnen die Person Ew. kurfürstl. Hoheit und Ihre Nachkommenschaft, deren Anzahl, Gott sei Dank, so schön und blühend ist, dass man hoffen darf, es werde die Quelle unseres Fürstentums nie versiegen: welch ein Vorteil für ein Königreich, das so unglücklich war, so oft seinen Herrn gewechselt zu haben!

Daher sind Sie es, kurfürstl. Hoheit, zu denen wir unsere Zuflucht nehmen, um unsere Ruhe und Sicherheit zu befestigen; und möchte doch der Himmel zugeben, Madame, dass es mir möglich wäre von meinen Jahren ein Zwanzigteil hinwegzustreichen, um es Ihnen als Geschenk darreichen zu können: ich würde es mit derselben Ergebenheit tun, mit der ich Ew. Hoheit mein Leben und Alles, was davon abhängt, dargereicht habe seit dem ersten Moment, wo ich die Ehre hatte zu Ihren Füssen zu erscheinen. Möge die Natur entscheiden, wie sie wolle, ich widme mich ewig den Interessen Ew. kurfürstl. Hoheit und Ihres Hauses. Ich bitte Sie alleruntertänigst, Madame, es möge diese Gabe Ihnen angenehm sein und Sie über mich durchaus befehlen, falls Sie der Ansicht sind, dass ein armer Privatmann, wie ich, würdig sei mit einer so wichtigen Affaire betraut zu werden.

Es würde die äusserste Verwegenheit sein, Madame, wenn ich mich noch weiter in eine so delikate Angelegenheit mischen wollte. Wenn es Ew. kurfürstl. Hoheit gefallen sollte mir Ihre Wünsche auszudrücken (durch ein einziges Wort von Leibniz oder irgend sonst Jemand aus Ihrer Umgebung) nachdem Sie Sr. Majestät darüber Mitteilung gemacht, so werde ich mir die Freiheit nehmen, Ew. kurfürstl. Hoheit die Gesinnungen einiger

meiner vertrauten Freunde zu entdecken, welche die einfluss-
reichsten Mitglieder des Parlamentes sind. Ich schmeichle mir,
dass ein kleiner Impuls nicht ohne Wirkung ist, und bin" etc.".

Mit grosser diplomatischer Gewandtheit, die sich besonders
durch eine anscheinend treuherzige Offenheit dokumentirt,
sucht Stepney dem königlichen Auftrage gerecht zu werden.
Offenbar gedachte der mit den hannoverschen Verhältnissen
nicht unbekannte Diplomat den Grund zu entkräften, von dem
er glaubte, dass das Haus Hannover ihn hauptsächlich gegen
das Angebot der Krone geltend machen werde, die Unsicherheit
der englischen Zustände. Daher sucht er der Kurfürstin klar
zu machen, dass die beiden Parteien der extremen Whigs und
Tories, die Republikaner und Jakobiten, nur in der Minderzahl
sich befinden gegenüber der Mehrheit des englischen Volks,
das gestützt auf die Verfassung, mit deutlichen Worten das Haus
Hannover auf den Thron berufe und sich danach sehne, endlich
eine blühende Dynastie an seiner Spitze zu sehen, nachdem es
schon so oft seinen „Herrn" gewechselt. Der Hinweis auf die
gute Gesinnung des Parlamentes soll dann noch zur Bekräftigung
dieser Ansicht dienen. Kurzum, Stepney wünscht die Kurfürstin
zu gewinnen ihre erlangten Rechte zur Geltung bringen zu
wollen; und in diesem Sinne erwartet er eine zustimmende
Antwort.

Die Antwort der Kurfürstin erfolgte von Aachen, wohin
sie sich im September mit ihrer Tochter Sophie Charlotte begeben hatte. Sie schreibt[1]):

„Mein Herr. Ich habe mit grossem Interesse das Buch[2])
und Ihren Brief gelesen. Ich wollte, dass die Sätze des Ersteren
ebenso wahrscheinlich wären, als der Zweite für mich verbind-
lich ist, und dass ich noch lange genug leben könnte, um
Gelegenheit zu erhalten die Dienste der Anhänglichkeit zu ver-
gelten, die Sie mir erzeigt haben, aber ohne nur einen Moment
Ihrer Jahre Abbruch zu tun, mit denen Sie mir doch zu liberal
scheinen umgeben zu wollen. Die Gefälligkeit könnte nicht
weiter gehen und Sie könnten nichts Verbindlicheres mehr

---

[1]) Klopp, a. a. O. S. 214 f.   [2]) Das übersandte Buch ist nicht
genannt.

sagen; dafür schulde ich Ihnen unendliche Dankbarkeit, ebenso wie für alles das, was Sie mir schreiben.

Wenn ich dreissig Jahre jünger wäre, so würde ich noch ein gutes Vertrauen zu meiner Lebenskraft und Religion haben um zu glauben, dass man an mich in England denke. Aber da es wenig Wahrscheinlichkeit für sich hat, dass ich zwei viel jüngere Menschen überlebe, wenn sie auch kränklicher sind als ich, so ist doch zu fürchten, dass man nach meinem Tode meine Söhne als Fremde ansehen wird, von denen der ältere weit mehr gewöhnt ist als ein schneidiger Souverän[1]) aufzutreten, als der arme Prinz von Wales, der viel zu jung ist, um von dem Beispiel des Königs von Frankreich etwas anzunehmen, und der wahrscheinlich so froh sein würde wiederzuerlangen, was der König, sein Vater, verloren hat, dass man mit ihm machen könnte was man wollte. Aber vorgefasste Meinungen machen Alles in England; und um mich daran zu halten, was Sie mir darüber sagen ohne mich darauf einzulassen, schriftlich darüber Ihnen meine Meinung näher auseinander zu setzen, teile ich Ihnen mit, dass meine Tochter mich veranlasst hat hierher zu kommen, wo sie drei Wochen Brunnen getrunken, und dass wir Dinstag abreisen, um uns nach Brüssel zu begeben, wo wir die Ehre haben werden den König zu sehen.

Ich bin nicht eine solche Philosophin oder leichtfertige Persönlichkeit, dass ich nicht gerne von einer Krone reden hörte und Betrachtungen anstellte über das tüchtige Gutachten, welches Sie darüber abgegeben haben. Es scheint mir aber in England soviel Parteien zu geben, dass man vor Nichts gesichert sein kann. Das hindert nicht, dass ich mich nicht verpflichtet halte denjenigen, die mir ihre Ergebenheit beweisen" etc.

In dieser treffenden Antwort der Kurfürstin ist nun aber mit Nichten eine Zustimmung zu finden; höchstens kann man in der Weigerung schriftlicher Auseinandersetzung die Neigung zu persönlicher Beratung mit dem Könige Wilhelm erkennen; auch von einer Furcht vor den extremen Parteien ist im Briefe nicht die Rede, wohl aber tritt das constitutionelle Moment, von dem oben gesprochen, deutlich und bestimmt hervor.

---

[1]) trancher en souverain.

Der Kurfürst von Hannover, dessen Ansicht die alternde Kurfürstin-Mutter ausspricht, selbst absoluter Monarch, zeigt keine Neigung sich den Vorschriften der englischen Stände zu fügen. In scharfen Gegensatz dazu stellt Sophia den armen Prinzen von Wales, der in einem Alter von 12 Jahren noch nicht so viel von den absoluten Principien Ludwigs XIV. angenommen habe, dass er sich nicht gerne den englischen Gesetzen fügen würde, wenn er überhaupt nur das Königtum wiedererlangt: den kunstvoll aufgebauten Begründungen des englischen Staatsmannes setzt die Fürstin mit schneidiger Ironie die Worte entgegen: „Vorurteile bewirken alles in England; vor den vielen Parteien hat man keine absolute Sicherheit."

Und dasselbe beabsichtigt sie dem Könige Wilhelm zu sagen, den sie in Holland zu treffen gedenkt.

Damit mögen diese geschichtlichen Vorgänge eine Weile ruhen, und wenden wir uns zur Betrachtung der Auffassung Klopps über diese Briefe.

Ueber das Schreiben Stepney's sagt Klopp [1]) ganz richtig: „Stepney konnte sicherer und schärfer als irgend ein anderer Engländer wissen und erkennen, welche Einwände ihm die Kurfürstin Sophia entgegenstellte, welche Gründe er im Voraus geltend machen müsste zur Entkräftung derselben."

Von diesen Gründen sagt Klopp weiter nichts in der Einleitung.

„Allein, hebt er hervor, es gab in dieser Angelegenheit einen ganz besonders schwierigen Punkt, eine Klippe, die zu umschiffen die höchste Gewandtheit erforderte. Es war der Punkt der Erwähnung des Sohnes des Königs Jakob. Die Anschuldigung, derselbe sei nicht echt, hatte die Kurfürstin bestimmt und entschieden zurückgewiesen."

Allerdings, wenn die Kurfürstin dies getan, wenn sie zugleich mit dieser Zurückweisung das legitime Erbrecht dieses Prinzen anerkannt hatte, wenn sie möglicherweise die Succession ablehnen konnte im Hinweis auf das Recht des Sohnes von Jakob II., dann musste dieser Punkt im Briefe Stepney's eine

---

[1]) Leibniz, 8. Einleitung S. XXXIV. ff.

bedeutende Rolle spielen. Um so auffälliger ist es, dass derselbe „so leicht über denselben hinwegeilte."

Nach Klopp, ergab sich das schwierige Dilemma entweder
als Engländer etwas zu sagen, was der damaligen öffentlichen
Meinung der Nation nicht entsprach (dass der Prinz echt sei)
oder bei der Kurfürstin, auf die Stepney bei seiner Darstellung
einwirken wollte, Widerspruch zu erregen. Er suchte und fand
für sich, wie sein Schreiben zeigt, den Ausweg persönlichen
Nichtwissens".

Nimmt man nun den Brief vor, so findet man, dass Stepney allerdings erklärt, er sei persönlich nicht genügend über
die Sache aufgeklärt, dass er aber unmittelbar darauf sich doch
noch weiter über dieselbe auslässt.

Ja, er giebt einmal geradezu einen Grund für die
Echtheit des Prinzen von Wales an, dass nämlich die Gemahlin Jakobs II. später in Frankreich noch eine Tochter geboren habe, wobei er sogar den von der Kurfürstin gesandten
Zeugen nennt.

Ferner macht er den Engländern den Vorwurf der Leicht-
gläubigkeit im Allgemeinen sowohl, als in Bezug auf diesen
Punkt; er sagt geradezu, „das Parlament habe vor elf Jahren
nicht für gut befunden zur rechten Zeit Nachforschungen darüber anzustellen und es habe wenig Anschein, dass es sich
jetzt genug Mühe geben werde das Geheimniss zu ergründen."

Nun weiss, nach Klopp, Stepney, dass die Kurfürstin die
Succession nicht annehmen wird, wenn sie nicht von der Unechtheit des Prinzen von Wales überzeugt worden ist, und doch
behandelt er hier die Angelegenheit ganz nachlässig, plaidirt
sogar für die Echtheit.

Aber dies zu erwähnen passt Klopp eben nicht. Die
Antwort erfolgt denn auch nicht „in dem[1]) Sinne des Königs
Wilhelm und Stepney's".

„Es giebt vielleicht wenige Briefe, in denen der ganze
Mensch so klar und voll hervortritt, wie in diesem der Kur-
fürstin. Man sieht, dass an der offenen Ehrlichkeit dieser
Fürstin alle staatsmännische Gewandtheit Stepney's erlahmt.

---

[1]) a. a. O. S. XXXVI.

Die Kurfürstin lehnt ab und weist hin auf das Recht des
Sohnes Jakobs II., welchem sie seinen wahren Titel gibt als
Prinzen von Wales".

Nach unserer eben versuchten Beweisführung liegt hierin
vielmehr ein ironischer Hinweis auf den Prinzen von Wales,
der ja katholisch ist, falls er aber König würde, sich Alles gefallen liesse; aber völlig unmöglich ist es, auch nur eine
Spur von einem Hinweis auf das Recht dieses Prinzen zu entdecken. Denn dass derselbe in der Benennung seines vollen
Titels „Prinz von Wales" zu suchen sei, kann Klopp unmöglich,
wenn er auch alles Uebrige ignorirt, als Beweis aufführen; denn
in allen Briefen ist es eine ganz gewöhnliche Weise von dem
„Könige Jakob"[1] und dem „Prinzen von Wales" zu sprechen,
wie das ja auch heutzutage noch bei ähnlichen Anlässen ge-
schieht.

Klopp sucht immer die Rechtsfrage hervor, während doch
nach der declaration of rights des Jahres 1689 von derselben
niemals mehr die Rede ist, und das Haus Hannover seine
Rechte auf den englischen Thron völlig anerkannt und anfangs
auch verfochten hat.

Wenn irgendwo so tritt hier die welfische Tendenz Klopps
klar zu Tage.

In einer Kritik[2] über die ersten Bände des Geschichts-
werkes von O. Klopp, betitelt: „der Fall des Hauses Stuart
und die Hannoversche Succession in England" hatte der Verfasser seine Verwunderung darüber ausgesprochen, wie es
käme, dass Dr. O. Klopp, dessen politischer Parteistandpunkt
bekannt sei, die Geschichte des selbstverschuldeten Sturzes
der Stuarts schreibe, eines Ereignisses, das dem von 1866 analog sei, nämlich der Vertreibung der königlichen Dynastie von
Hannover, ein Analogon, dass allerdings Klopp nicht zugeben wird.

Es dürfte von uns vermessen sein, jenes Ereigniss von
1866 vom historischen Standpunkt aus schon jetzt gleich dem
Verfasser jener Kritik zu beurteilen.

Nur mag es erlaubt sein mit jenen Reflexionen das Resultat der Kloppschen Untersuchung zu vergleichen.

[1] cl. oben S. 39. [2] Literar. Centralblatt; 1875 Nr. 50.

Er hat gefunden, dass die Kurfürstin von Hannover, als nach der Vertreibung der Stuarts, des legitimen Königtums in England an sie das Angebot der durch das Parlament gesetzlich fixirten Thronfolge gestellt wird, dasselbe ablehnt mit dem Hinweis auf das Erbrecht des legitimen Thronfolgers, des Prinzen von Wales.

Durch eine merkwürdige Constellation der Verhältnisse wird dann das Haus Hannover trotzdem gezwungen den englischen Thron zu besteigen. Die Hannoversche Dynastie hat also das tragische Geschick der Stuarts vollendet, ohne es selbst zu wollen, im Drang der zeitgeschichtlichen Ereignisse.

Wie gross stehen daher die Welfen in der Geschichte da, die im Anfang des 18ten Jahrhunderts das legitime göttliche Erbrecht höher achteten als das von Menschen fixirte Recht, trotzdem die Träger des ersteren den Verlust ihrer Stellung selbst verschuldet hatten; die lieber ihre kleine deutsche Fürstenstellung behalten wollten, als unrechtmässiger Weise einen Königsthron besteigen; und um wie viel tragischer ist dem gegenüber das Schicksal desselben Fürstengeschlechts in Deutschland, wo es ohne Verschulden vom Throne gestossen ist und in der Fremde umherirrt!

Dass Klopp dieser welfischen Tendenz zu Liebe es unternommen hat über die englische Succession des Hauses Hannover ein Werk zu schreiben, dürfte nach obigen Auseinandersetzungen ebenso deutlich geworden sein, als dass er die geschichtliche Auffassung bedenklich getrübt und gefälscht hat.

Ob er aber dem welfischen Hause damit einen Dienst geleistet hat, ist eine andere Frage.

Es bleibt nun noch übrig kurz die Umstände darzulegen, unter denen nun in der Tat das Haus Hannover zur englischen Thronfolge gelangt ist.

Leibniz und die Denkschriften.

———

Die Erzählung der geschichtlichen Ereignisse war vorhin abgebrochen mit der Tatsache des ablehnenden Briefes und der Reise der Kurfürstin nach Holland.

Klopp[1]) schildert die Verhältnisse, die dann eintreten, folgendermassen:

„Die Kurfürstin und ihre Tochter begaben sich zuerst zum Schlosse Dieren; (um dem König Wilhelm III. einen Gegenbesuch zu machen auf den seinigen in Celle) auf der Reise dahin und später empfängt die Kurfürstin noch mehrere Briefe von Stepney. Derselbe hat also den Versuch erneuert. Ebenso erneuert Wilhelm III. auf dem genannten Schlosse seine Erbietungen. Sie sind erfolglos. Die Kurfürstinnen setzen sodann ihre Reise durch Holland fort, besuchen in Rotterdam Dayle und treffen im Haag noch einmal mit dem Könige zusammen, der seine Reise nach England um 8 Tage verschob. Man erzählte[2]) sich in England, dass der König lediglich deshalb im Haag verweile, um die beiden Kurfürstinnen noch einmal zu sprechen und dass er die Ankunft derselben nicht ohne Ungeduld erwarte. Abermals wurden die Vorschläge erneuert. Es blieb dabei. Am 28. Oktober nahm man Abschied. Im November 1700 traf Sophia wieder in Hannover ein, Leibniz von Wien Ende December.

Die Frage der Succession in England schien für das

———

[1]) Klopp, Leibniz Werke, 8, Einleitung S. XXXVII ff. [2]) Berichte des K. K. Residenten Hoffmann (aus dem Wiener Archiv) vom 25. und 29. Oktober 1700 (cf. Klopp a. a. O.)

Haus Hannover erledigt. Und doch hat man dann für Leibniz Gelegenheit gegeben, sie aufs Neue anzuregen und zwar dadurch, dass man ihm eine englisch geschriebene Schrift des Ritters Fraiser zu lesen gab, vielleicht auch mit dem Auftrage sie zu übersetzen".

Etwas weiter unten heisst es dann, „Leibniz erhielt vom Collegium des Geheimen Rates die Schrift zugestellt, mit dem Auftrage der Uebersetzung. Er fügt dieser Uebersetzung ein eigenes Gutachten hinzu, in welchem er hervorhebt, dass durch den spanischen Successionsfall die politische Lage für England und für Europa völlig verändert sei, in welchem er ferner mit Nachdruck darauf dringt, dass zur Wahrung des Rechtes der Kurfürstin Schritte getan werden müssen. Dieses Gutachten und ein ausführlicheres, das dieselben Gedanken wiederholt liegt dann einem Conseil der verschiedenen Fürstlichkeiten in Celle zu Grunde über diese Angelegenheit". — Hiervon später.

Leibniz wird also handelnd hier eingeführt, und, wie Klopp später erklärt, ist sein Handeln bedeutsam.

Man ist im Allgemeinen über die Stellung Leibnizens am hannoverschen Hofe orientirt.

Der Mann, welcher einen unerschöpflichen Vorrat universalen Wissens in sieb vereinte, der am kurmainzischen Hofe unter der Autorisation Boyneburgs auch in der politischen Welt als ein gewandter Held der Feder sich bekannt gemacht hatte, war vom Herzog Johann Friedrich an den hannoverschen Hof gefesselt,[1]) um einmal als glänzendes Schaustück desselben zu dienen, andererseits die Interessen der hannoverschen Politik in Wort und Schrift zu verfechten. Formell wurde er Bibliothekar. Ernst August behielt ihn bei und ernannte ihn zum Rat. Als solcher wusste er die verschiedenen Aufgaben seines fürstlichen Herrn und dessen Politik geschickt zu vertreten.[2]) Der Kurfürstin Sophia und ihren geistigen Interessen trat er bald sehr nahe.

---

[1]) cf. oben S. 27. [2]) Eine Kritik der politischen Tätigkeit Leibnizens im Allgemeinen und im Besonderen in dieser Successions-Angelegenheit musste, um die Arbeit nicht zu sehr auszudehnen, vorbehalten bleiben.

Eine Reihe von Briefen und einige Denkschriften, die teilweise bereits angeführt sind, geben eine Anschauung sowohl davon, welche Rolle Leibniz persönlich bei der Angelegenheit der Succession gespielt hat, als sie auch andererseits auf das Verhalten besonders der Kurfürstin Sophia Rückschlüsse gestatten, namentlich auf die 90er Jahre des 17ten Jahrhunderts, eine Zeit, die oben weniger berührt worden ist.

In den Jahren 1688/89 befand sich Leibniz auf einer Reise nach Italien und Oesterreich zum Zweck der Sammlung von Urkunden und Aktenstücken für die Geschichte des welfischen Hauses. Erst im Juni 1690 kehrte er von derselben zurück. Schon oben ist erwähnt, dass die Kurfürstin ihm Bericht erstattete über die politischen Ereignisse, auch von der Aussicht auf die englische Succession. Doch sind aus der Zeit vom Juni 1689, wo sie ihm vom Schreiben König Wilhelms erzählt, bis zum December desselben Jahres keine Briefe von Leibniz an die damalige Herzogin durch Klopp veröffentlicht. Dass ihn die Sache in gleicher Weise interessirte, wie die Herzogin, ist anzunehmen und zeigt die Folge.

Erst in den Jahren 1695 und 1696 erwähnt Leibniz in einigen Briefen die Succession, Schriftstücke, aus denen man sieht, wie gut der hannoversche Hof über die Vorgänge in England und besonders die Absichten Wilhelms III. unterrichtet war und sich informiren liess.

Wir müssen sie erwähnen, da die beiden von 1696 in der Kritik[1]) der Klopp'schen Ansichten von Bedeutung waren und hier völlig klar werden.

Dabei sind einige politische Zeitverhältnisse zu berühren. Im Sommer 1695 war die Alliance gegen Frankreich erneuert. Sie wurde aber in nächster Zeit schon wankend. Es war nämlich Ludwig XIV. gelungen den Herzog Victor Amadeus von Savoyen durch die Uebergabe der Festen Pinerolo und Casale zu sich herüber zu ziehen, ein Bund, welcher der Coalition verhängnisvoll ward; denn der König von Frankreich gewann durch denselben die Neutralität Italiens und ein geübtes Heer von 30,000 Mann zu seiner Disposition in den Niederlanden. Wilhelm III. hier von vorne gedrückt, und den

---

[1]) cf. oben S. 49.

Gegendruck seines Parlaments im Rücken ward zum Abschluss des Ryswijker Friedens gezwungen.

Es ist oben[1]) von den Verwandtschaftsverhältnissen des Hauses Savoyen mit den Stuarts gesprochen. Wilhelm III. hatte nun in der Tat, um den Herzog an die Coalition zu fesseln, Verhandlungen über eine Einigung in Feststellung der Succession des Hauses Savoyen in England angeknüpft.

Schulenburg sagt[2]) darüber 1714 an Leibniz: „Ich erinnere mich, dass der Herzog von Savoyen mir mehrere Male gesagt hat, das Parlament habe ihm Eröffnungen gemacht über die Neigung seine Linie zu begünstigen, er habe, um zu reüssiren, nur einen seiner Prinzen hinzuschicken brauchen, damit derselbe im anglikanischen Glauben erzogen werde."

Der Abfall des Herzogs von der Coalition machte den Verhandlungen ein Ende; und der König wandte sich nun wieder dem Hause Hannover zu, „pour se venger," wie Leibniz zu dem Briefe Schulenburgs bemerkt, du Duc qui l'avoit abandonné un peu avant la paix de Ryswick."

Im Jahre 1695 hatte Leibniz offenbar die erbrechtlichen Verhältnisse des Hauses Savoyen im Auge, als er an Stepney Folgendes schrieb[3]):

19. Mai 1695. Ich sehe mich genötigt, mein Herr, Ihnen eine Frage über die Succession der Krone vorzulegen. Die Convention, welche nachher zum Parlamente umgewandelt ward, hat bestimmt, dass ein Papist ausgeschlossen sein solle, und dass in gleicher Weise ein Prinz oder eine Prinzessin von königlichem Geblüt eine Person, die der römischen Kirche angehörte, nicht heiraten dürfe. Jetzt ist es nun die Frage, ob die Descendenten eines Prinzen von königlichem Geblüt, die Papisten sind, ausgeschlossen sind in ihrem Vater, sodass es ihnen nichts mehr nützen würde, dann noch zum Protestantismus überzutreten, und ob die Kinder, die einer solchen verbotenen Ehe entsprossen sind, auch ausgeschlossen sein werden. Man sollte meinen, dass diejenigen, welche geboren sind, ohne das Recht der Succession zu haben, desselben für immer beraubt seien, ohne dass ein späterer Wechsel der Religion

---

[1]) cf. oben S. 19. [2]) Klopp, Leibniz 9, S. 406; Ranke, 20. S. 224. u. Kemble u. a. O. S. 44. [3]) Klopp, a. a. O. 7. S 320. Kemble, a. a. O. S. 175.

Ihnen ein Recht geben kann, das nicht durch die Geburt begründet ist. Diese Dinge verdienten es doch geregelt zu werden, um den Schwierigkeiten und der Arglist zuvorzukommen, die der Nachwelt Verlegenheiten bereiten könnten und den Staat und die Religion gefährden."

Die Antwort Stepney's ist sehr diplomatisch gehalten und zeigt, dass an der Begünstigung Savoyens etwas Wahres gewesen ist. Er schreibt am 10./20. Mai 1695[1]) „die Frage, welche Sie mir betreffs des Succession vorgelegt, ist sehr seltsam; wenn ich die Ehre hätte, mein Herr, in Ihrer Gesellschaft zu sein, so möchte sie vortrefflichen Stoff für eine Unterhaltung abgeben; aber für einen Brief scheint sie mir zu delikat zu sein."

Als dann die Nachricht von dem Abschlusse des Bündnisses des Herzogs von Savoyen mit Ludwig XIV. das Anfang September in Turin eingegangen war, in Hannover bekannt wurde und zugleich die Sinnesänderung des englischen Königs, drückt Leibniz seine Freude darüber der Kurfürstin Sophia folgendermassen aus: 14. Oktober 1696[2]) — ich behalte mir für meine alten Tage einen Roman von ganz besonderer Art vor. Das wird die Geschichte des nächsten Jahrhunderts sein; denn ich mische mich ein wenig in die Wahrsagekunst und behaupte die Zukunft prophezeien zu können. Ich werde reden als wenn ich einer von denen wäre, die in hundert Jahren leben. Der kleine Sohn unseres Kurfürsten wird dabei keine geringe Figur spielen, das wird ein anderer König Wilhelm sein. Denn ich sage Ew. kurfürstl. Hoheit im Vertrauen, ich habe es im grossen Buche des Schicksals gelesen, dass die Nachkommenschaft der Prinzessin Anna der Ihrigen Platz machen wird, und man wird Ew. kurfürstl. Hoheit verpflichtet sein für die Ehre dem Hause Braunschweig als Mitgift ein Königreich zugetragen zu haben. Sie, Madame, werden Zeugin Ihres Ruhmes sein nach der Hypothese der Seelenwanderung etc."

Es antwortet nun die Kurfürstin mit einer Zurückweisung, die Klopp, wie wir sahen, mit der Teilnahme für ihren un-

---

[1]) Klopp, a. a. O. & Einleitung S. XXVI und Kemble a. a O. S. 160. [2]) Klopp, ibidem, S. 12 f.

glücklichen Vetter Stuart und den Consequenzen in Verbindung
brachte; man braucht aber nur die englischen Verhältnisse
dieser Zeit in's Auge zu fassen, so wird der Unmut der
Kurfürstin klar. Gerade im Sommer 1696 war es, wo Wilhelm III. in den Niederlanden zur Fortführung des Krieges
dringend des Geldes bedurfte, vom Parlamente aber nichts erhalten konnte; denn die englischen Geldverhältnisse waren durch
die im Kampf der beiden Parteien neubegründete Landbank
neben der schon bestehenden Staatsbank noch mehr zerrüttet,
als sie es schon durch die Entwertung des Silbergeldes geworden waren, so dass kein Geld aufzutreiben war.

Sophia antwortete nämlich: 16./26. Oktober 1696: „Obwohl ich Ihren Brief erhalten habe, glaube ich doch nichts
darauf antworten zu sollen; denn ich schicke Ihnen genug Stoff,
um die schönen Ideen Ihres Romans zu zerstören, zu dem ich
nichts beitragen würde etc."

Man darf nun aber diesen Brief nicht schon so auf-
fassen, als sei in den Worten ein Verzicht auf die Succession
ausgesprochen. Vielmehr wollen die Worte der Kurfürstin nur
sagen, in Anbetracht der Entwickelung der englischen Verhältnisse zu Ungunsten des Königtums, der Anhäufung von Mühsalen und Schwierigkeiten für die Stellung des Beherrschers
von England, wozu man auch die Landung Jakobs II. im Jahre
1696 und das versuchte Attentat auf den König Wilhelm rechnen kann, sei eine solche Stimmung in ihr hervorgerufen, dass
sie, wenn noch zu ihren Lebzeiten sich von Neuem die Aussicht auf die Krone darböte, denn Gloucester lebte ja noch,
niemals selbst durch Agitationen in England oder sonstiges
Handeln dazu beitragen würde ihre Rechte zum öffentlichen
Ausdruck bringen zu lassen. Damit ist nun aber nicht gesagt,
dass, wenn einmal der Fall einträte, wo König und Parlament
geneigt wären die Kurfürstin und ihre Descendenz zu berufen,
nicht in der Reihe von Erwägungen, welche die fürstlichen Persönlichkeiten einzugehen hätten, doch die Gründe für Annahme
der Succession die Oberhand im Rate behielten.

Nur wenn man annimmt, dass die Lage der Dinge der-
artig war, wie sie eben geschildert wurde, versteht man die
Tätigkeit Leibnizens für die Succession.

Er spricht es oft selbst aus, das es sein Eifer[1]) für den Ruhm und Vorteil des erhabenen Hauses Braunschweig sei, der ihn antreibe für das Zustandekommen der Succession zu wirken.

Wenn man dem Gespräch glauben darf, das Schaumann[2]) aus dem hannoverschen Archiv veröffentlicht zwischen der Herzogin von Celle und dem Könige Wilhelm im Jahre 1698 zu Celle, welches Leibniz aufgezeichnet hat und 1714 der Prinzessin von Wales übergab, so war es Leibniz, der die Angelegenheit der Succession für das Haus Hannover wieder in Anregung brachte. Er sagt: „Als der König von Gross-Britannien dem Herzoge von Celle kurze Zeit nach dem Frieden von Ryswick einen Besuch abstattete, nahm ich mir die Freiheit, da ich kurz vorher in Celle war, der Herzogin zu bedeuten aus meiner eigenen Initiative, aber bewogen durch meinen Eifer für die Sache, sie möchte doch mit Sr. Majestät über die Festsetzung der Succession in England in der Person und Nachkommenschaft der Kurfürstin sprechen; sie könne sich dadurch das Haus Hannover zu. Danke verpflichten." Dies geschah dann; und der König machte in der Tat für den Fall des Todes des Herzogs von Gloucester bedeutende Avancen.

Nachdem dies geschehen, verleitete Leibniz derselbe Eifer zu einer grösseren Tätigkeit in England selbst, zu dem Zweck offenbar Propaganda für die Succession des Hauses Hannover in England zu machen.

Am 28. April 1699[3]) schrieb Leibniz an die Kurfürstin folgenden Brief:

Madame. Derjenige, welcher mich gebeten hat, ihm diesen Brief mitzugeben, ist Herr Hakemann, der einige Zeit in England gewesen ist, und über den sich der Bischof von Salisbury vorteilhaft ausgesprochen hat, wie Ew. kurfürstl. Hoheit wissen. Es ist derselbe, welcher die englische Geschichte von Mr. Tyrrel gesandt und mir einige Umstände geschrieben hat, die ich bezeichnet. Er ersucht Ew. kurfürstl. Hoheit um das

---

[1]) Klopp, a. a. O. 8, S. 251; ferner den Briefwechsel S. 122 bis 125 etc. [2]) Schaumann a. a. O. S. 52 ff. [3]) Klopp, a. a. O. 8, S. 122 ff. cf. dazu einen Brief zur Empfehlung Hakemanns von Burnet bei Kemble a. a. O. S. 233, datirt den 16. Februar 1699.

Glück sich Ihnen vorstellen zu können. Er wird auch Einzel-
heiten vom Herzog von Gloucester sagen können und ich finde
ihn wohl informirt; auch hat er die angesehensten Leute in
England gesehen. Er sagt, dass die Engländer oft von Ihrer
Person und Nachkommenschaft reden in Detreff der Succession,
und sich sorgfältig berichten lassen über die Verhältnisse unseres Hofes; ferner dass mehrere Bischöfe ihn um die Abschrift
eines Briefes, den ich geschrieben, ersucht haben, in dem ich
der Gesinnung Ausdruck gegeben hatte, wie sehr Ew. kurfürstl.
Hoheit den Engländern geneigt sei, und wie Sie eine vernünftige Geistesfreiheit begünstigten, sowohl in Kirche als
Staat."

Man sieht, Leibniz hat einen eigenen Abgesandten zur
Erforschung der Verhältnisse und Agitation nach England geschickt; nach Klopp[1] „zum Zweck geschichtlicher Forschungen
für das welfische Haus dem Gesandten Schütz als Secretär bei-
gegeben;" jedenfalls aber ohne dass die Kurfürstin den eigentlichen Zweck im Sinne Leibnizens erfahren hat.

Interessant dabei ist die Einwirkung Leibnizens und
nicht zu verkennen auf Tyrrel, den Verfasser jener englischen
Geschichte; Hakemann sendet Leibniz den ersten Teil, welcher der Kurfürstin dedicirt ist und fragt, wie sie denselben
aufgenommen; im Falle, dass das Werk sie befriedige, solle
folgender Passus[2] in den zweiten Teil eingefügt werden: „Ich
werde jetzt nicht mehr von diesem Herzog Heinrich sprechen,
sagt der Autor, der wegen der Grösse seines Geistes der Löwe
genannt wurde; denn nachdem er auf solche Weise seiner Be-
sitzungen beraubt war, sollte er deren Restitution nicht wieder-
erlangen. Einige Jahre später gab ihm der Kaiser den Teil
seiner Territorien zurück, der jetzt die Herzogtümer Hannover,
Celle und Wolfenbüttel ausmacht, deren gegenwärtige Herzöge
in gerader Linie abstammen von dem Herzog Heinrich und
Mathilde, Tochter Heinrichs II, Königs von England. Dies,
dachte ich mir, sei sehr passend hier eingeschoben zu werden
als eine ganz besondere Ehre für das alte Geschlecht, welches

---

[1] Klopp, a. a. O. b. Einleitung S. XXII. [2] bei dem, nach unserer Vermutung, schon vorher Leibniz die Hand im Spiele gehabt,
um auf die Kurfürstin zu wirken.

der Welt grosse Kaiser, so stattliche Fürsten und insbesondere den gegenwärtigen Kurfürsten Georg Ludwig von Braunschweig gegeben hat, welcher der Sohn ist von der vorzüglichen Kurfürstin-Wittwe Sophia, die durch ihre nahen Beziehungen zum königlichen Stamm von England jetzt wieder die alte Alliance zwischen diesen beiden hochberühmten Familien erneuert hat."

Auch der Brief Leibnizens an Hakemann, aus dem die englischen Bischöfe sich Notizen gemacht, ist an dieser[1]) Stelle abgedruckt. Leibniz spricht darin in so überschwänglichen Ausdrücken über die Gesinnung und Geneigtheit der Kurfürstin für die Engländer, dass derselbe hier unverändert Platz finden soll. Gezeigt hat er ihn der Fürstin nicht; denn mit dieser Fassung würde sie nicht zufrieden gewesen sein. Der Brief ist lateinisch geschrieben:

Hannoverae. 30. Decembris 1698.

„Statim ubi accepi Tomum primum Historiae Anglicanae a Nobilissimo Tyrrello conscriptae, detuli eum Ueribusam ad Serenissimam Electricem Brunsvicensem et mandata Tibi honestissimis viri verbis peregi. Jussus sum a Domina nomine ipsius pro insigni munere agere gratias et testimonium rei coram spectatae perhibere, quam acceperit laeta, quam inspexerit avide, quam legerit libenter. Cum novissimas Tuas accepissem, iterum non sine voluptate a me audivit, alteram partem mox sperari. Ajebat multa sibi in prima jam esse lecta, placere studium veritatis et rerum copiam et dicendi rationem. Haec illa paene totidem verbis. Certe non genere magis quam affectu tota ut sic diram Anglicana est: si quid ex Anglia veniat, praesertim quod pertineat ad decus nationis, tum cor ipsi totum salit. Cum Regis et procerum colloquio nuper Cellis utcumque explevisset sese, dici non potest, quantum inde consolationis perceperit in recenti adhuc luctu, quanto vegetior huc redierit. Itaque jam si vires spectes, revixisse visa est, et

— — in decimum vestigia rettulit annum.

Nec quicquam ei facile accidere poterit jucundius quam quod intelliget ad gloriam Regis magni, ad tranquillitatem Angliae, quae ipsi paene patria habetur, ad religionis denique pu-

---

[1]) Klopp, a. a. O. S. 123.

rioris et ingenuo animo dignae, qualis protestantium est, con-
servationem pertinere. Nihil enim est quod magis improbet,
quam quicquid ad servitutem et sacram et civilem tendit, a qua
Gullielmus utraque gentem vindicavit."

Hakemann antwortet in einem ebenfalls lateinisch abge-
fassten Schreiben vom 27. Februar 1699, ein Schriftstück, wodurch die nahen Beziehungen dieses hannoverschen Abgesandten
zu verschiedenen hochgestellten Persönlichkeiten und die Art
und Weise seiner Tätigkeit beleuchtet wird. Die Situation, in
der er sich mit den Bischöfen befand, als er den Brief Leibnizens überreichte, erregt einiges Interesse:

„Vir illustris.[1]) Cum propediem domum reverti debeam,
nolo ea literis mandare, quae coram exponi possunt. Illud
tantum silentio praeterire nequeo, Archiepiscopum Cantuariensem,
qui ipsius nomine multam Tibi dicere salutem imperavit, magni
Te facere. Pransus sum heri cum illo in sede sua Archiepis-
copali apud Lambeth, ubi in Tuam sanitatem duo vitra mero
repleta exhausit. Locum qui agit de Serma Electrice, non
ipsi tantum, sed Episcopis etiam Norwicensi, Wusteriensi, et
Salisburgensi, saepius me lante tractantibus, exscribere ex literis
quae ad me dedisti, debui. Ad coelum evehunt sapientissimam
Principem, optatque ut Princeps Electoralis aviae fulgeat re-
giis virtutibus. Tam sollicite in dignissimi ipsius Nepotis mo-
res inquirunt, quasi aliquando illorum esset Rex futurus. Et
cum optimis eum depinxerim coloribus, (modo tauti Principis
virtutes a me satis digne depingi possint), avide eum videre
cupiunt. Ad Ducem Glocestriae, qui minus firma semper utitur
valetudine, Dominus Burnethus me saepe introducit."

Wenn der Kurfürstin von dieser ganzen Tätigkeit Bericht
erstattet werden konnte, so müssen wir annehmen, dass sie in
ihrem ablehnenden Verhalten in dieser Zeit wieder schwankend
geworden ist; aus welchen Gründen und weshalb sie nun später
ihre Einwilligung dazu giebt, ihre Rechte geltend zu machen,
mag jetzt untersucht werden.

Klopp, dem diese Schriftstücke nun gar nicht passen, erwähnt sie ganz kurz an einer andern Stelle der Einleitung, als

---

[1]) Klopp, a. a. O. S. 124 f.

da, wo er über die sämmtlichen übrigen zusammengestellten Schriftstücke seine Auffassung begründet.

Es sind bereits[1]) die geschichtlichen Vorgänge seit dem Briefe des Diplomaten Stepney und der holländischen Reise nach Klopp dargestellt worden.

Dabei war zuletzt die Rede von mehreren Schriftstücken, durch die Leibniz zum Teil bewogen sei die Frage der Succession auf's Neue anzuregen. Von ihnen sucht denn Klopp ausführlich nachzuweisen, dass auf Grund dieser Denkschriften und in Folge persönlicher Beratungen in einem Conseil der verschiedenen Fürstlichkeiten und Staatsmänner die Kurfürstin veranlasst sei einen Brief zu schreiben an den König Wilhelm, „der dann angesehen wurde wie eine Einwilligung in den Vorschlag der ausdrücklichen Feststellung ihrer Succession und demgemäss ihrer Descendenz auf den Thron von England.[2]) Beabsichtigt hat sie das aber mit dem Briefe nicht, sondern König Wilhelm greift auf eigne Hand vor, da er sich in Not befindet und lässt im Parlamente die hannoversche Succession feststellen Daraufhin muss das Haus Hannover annehmen mit allen Consequenzen.“[3])

Auf die dies auseinandersetzenden weitläufigen Deductionen Klopps einzugehen, ist gar nicht notwendig; denn die Denkschriften sind in ganz falscher Weise benutzt.

Legen wir uns einfach die Frage vor, was müssten diese Denkschriften enthalten, um nach Klopps Resultaten die Kurfürstin günstig zu stimmen.

Sie hat nach Klopp abgelehnt und dabei auf das Recht des Prinzen von Wales hingewiesen. Demnach müssten diese Denkschriften Erörterungen über die Rechtsfrage enthalten, die hierbei in Betracht kommt; ganz besonders aber müsste der Artikel über die Echtheit resp. Unechtheit des Prinzen von Wales einer längeren Betrachtung unterzogen sein, wobei man schliesslich zu dem Resultate käme, dieser Prinz sei illegitim, das Recht des Hauses Hannover damit legitim. Daher könne und müsse dann das Haus Hannover seine Rechte zur Geltung bringen lassen.

---

[1]) cf. oben S. 77 f. [2]) cf. oben Einleitung S. 4. [3]) cf. oben Einleitung S. 5.

Davon ist nun in jenen Aktenstücken gar nicht die Rede; denn mit dem Inhalte der ersten Denkschrift des Chevalier Fraiser, „die Leibniz übersetzen soll," ist nichts Anderes verbunden als der Vorschlag, nach dem Tode des Königs Wilhelm sich durch geeignete Mittel und gute Truppen der englischen Armee, der englischen Flotte und des Schatzes von England zu bemächtigen, „Dinge, die ohne das" wie es in der Denkschrift heisst, „in die Hände der Republikaner fallen könnten."

Was es mit diesen Aktenstücken auf sich hat, wird sich weiter unten ergeben.

Jedenfalls vermengt Klopp diese Denkschrift, ein Gutachten Leibnizens über dieselbe und ein späteres Memoire desselben in unklarer Weise, um zu obigen Behauptungen zu gelangen.

Aus diesen Angaben ist schon ersichtlich, dass Klopp wieder seiner Tendenz zu Liebe in falscher Art Schriftstücke anführt und zusammenstellt, die in fast keiner Beziehung zusammen stehen.

So wenden wir uns denn zum Schluss in Kurzem dazu darzustellen, in welchen Zusammenhang auch mit diesen Denkschriften die Frage der Succession nach unserer Anschauung verlief.

Es ist bereits berichtet worden, dass die Kurfürstin mit ihrer Tochter Wilhelm III. in Holland zweimal gesehen und gesprochen hat. Sie haben sich hier über die Angelegenheit der Succession ausgesprochen avec ouverture de coeur de part et d'autre.[1]

Ihre Unterredungen konnten sich nur auf den eventuellen Fall beziehen, dass der König es für angezeigt hielt die Erbfolge zu limitiren und das Parlament geneigt sei sie auszudehnen mit Anerkennung des Erbrechts. Denn wie konnte der König etwas Bestimmtes versprechen und auf der andern Seite eine ausdrückliche Zusage erwarten, wo er selbst seinen Entschlüssen und Plänen die Durchführung versagen musste gegenüber dem tobenden Parlamente? Die spanische Erbfolgefrage

---

[1] Brief des hannöverschen Residenten Beyrie in London an die Kurfürstin, bei Klopp a. a. O S. 226.

war auch offenbar von einer grösseren Wichtigkeit; und welche Vorwürfe und Beschlüsse des Parlamentes musste der König sich erst gefallen lassen, ehe man einsah, dass die Uebertragung des Königreiches Spanien an Philipp von Anjou allerdings wichtige Handelsinteressen des englischen Volkes gefährde!

Gleichwohl behielt Wilhelm III. die Limitation der Succession stets im Auge. Sie war auch in der Tat von grosser Bedeutung im gegenwärtigen Augenblicke. Wie wichtig war es, dass zur Durchführung des grossen Krieges eine verfassungsmässig gesicherte erbliche Monarchie die Regierung Englands in festen Händen hielt. Und schon regten sich Jakobiten auf der einen, Republikaner auf der anderen Seite. Die Notwendigkeit der Stabilität der Krone musste auch den Parteien klar werden, sobald sie zu der Einsicht gelangt waren, dass ein grosser europäischer Krieg unvermeidlich sei. Freilich war vorauszusehen, dass sie für die Anerkennung der erblichen Monarchie eine weitere Einschränkung der Prärogative des Königtums fordern würden.

Auf der anderen Seite standen die hannoverschen Fürstlichkeiten: Die Kurfürstin, lüstern nach der Krone und doch wieder angeekelt durch den Zwist der Parteien. Der Herzog von Celle, der Freund und alte Waffengefährte des Königs von England, erfüllt von der Bedeutung der Limitation der Succession für die europäische Staatenwelt, vielleicht für die Religion, neben ihm und mit ihm sein Minister Bernstorff, der später die rechte Hand Georgs I. wurde und ihn schon jetzt als Kurfürsten beriet. Der Kurfürst Georg Ludwig ängstlich bedacht nach Seiten der nordischen Wirren, der spanischen Frage eine möglichst vorsichtige Politik zu beobachten, und in steter Sorge bemüht die Kur seinem Hause zu sichern; dabei er und sein Sohn voll Widerwillens seine absolute Stellung aufzugeben und sich der dornenvollen Laufbahn eines englischen Königs zu begeben, angesichts der geschichtlichen Ereignisse der letzten 50 Jahre und der augenblicklichen Krise.

Leibniz daneben voll Eifer und guter Gesinnung für das welfische Haus, auch hier der Optimist, welcher über alle Mühsale hinwegsieht und nur das ideale Ziel im Auge hat die Herrschaft Heinrichs des Löwen durch das Haus Hannover wieder aufgerichtet zu sehen.

Es mag an dieser Stelle ein Gedanke ausgesprochen werden, dem Spittler in seiner Hannoverschen Geschichte Ausdruck giebt, ob denn Niemand bedacht hatte, was aus dem verlassenen Hannover werden solle, das für den Fall der Anzu einer Provinz Gross-Britanniens herabsank? —

In dieser Stimmung traf Anfangs Januar 1701 ein Brief des Hannoverschen Residenten Beyrie [1]) in London am kurfürstlichen Hofe ein, der so lautete:

London, 20./31. December 1700. Weit entfernt, Madame, dass der Krieg und die Gefahren die Angelegenheit der Succession vergessen lassen, scheint es mir, dass sich jetzt Gründe ergeben werden, daran zu denken, selbst wenn man nicht schon vorher Verlangen danach getragen hätte.

In der Proklamation, die soeben erschienen ist, um das Parlament aufzulösen und ein neues auf den 6ten Februar dieses Jahres zu berufen, lässt nämlich der König folgenden Gedanken seinen Völkern kund tun, wenn er ihnen sagt, dass er sie versammeln will in Anbetracht von „Dingen von der höchsten Wichtigkeit", starke und ungewöhnliche Ausdrücke, die nur ausserordentliche Angelegenheiten bezeichnen können und zwar solche, wie die Succession und die Erhebung des Herzogs von Anjou auf den spanischen Thron. Ich glaube wohl, dass die Mehrzahl hier gerne die Sachen in der Confusion liesse, sowohl die eine wie die andere; aber der König hat einen sehr weiten Blick und interessirt sich sehr dafür und scheint durchaus geneigt zu sein, sie in das Interesse zu ziehen: man kann nicht zweifeln, dass er die Mittel dazu dem Parlament vorschlägt, das Allem folgen wird, was seine Majestät ihm inspirirt, wenigstens in Betreff der Succession. Ew. kurfürstl. Hoheit muss, wie ich glaube, besser als sonst Jemand unterrichtet sein über seine Absichten, denn man kann überzeugt sein, dass Sie in Ihren Besprechungen sich darüber gegenseitig offenen Herzens Eröffnungen gemacht haben.

Wie dem auch sei, Madame, ich kann nicht glauben, dass

---

[1]) Klopp, a. a. O. S. 226.

der König nicht der Krone eine ihrer grössten Prärogativen,
die fast seine ganze Würde ausmacht, das ist die successionsfähig und erblich zu sein, wenigstens für einige Jahrhunderte,
erhalten wird, indem er zugleich die notwendige Sicherheit
ergreift für die Erhaltung der protestantischen Religion nach
dem Verlangen seiner Völker. Nach dieser Veranstaltung würden
denn Ew. kurfürstl. Hoheit zuerst, sodann Ihr Sohn der Kurfürst
und demnächst der Kurprinz mit seinen Kindern bezeichnet
sein. Vielleicht wollen sie die Succession nicht weiter ausdehnen. Aber darüber weiss ich nichts Gewisses."

Der König hatte also gehandelt; nach der Ansicht des
Residenten hatte er auch die Limitation der Succession im
Ange.

Nach Ankunft dieses Briefes trat man in Celle zu einer
Beratung zusammen, welche zwei Tage[1]) dauerte. Diesen Beratungen lag eine Denkschrift[2]) Leibnizens zu Grunde, woraus
wir ersehen, um was es sich bei jenen Beratungen handelte.

Einmal also um die Erklärung, dass man geneigt sei die
Rechte des Hauses Hannover auf die Succession in England
festgestellt zu wissen. Die zweitägigen Besprechungen zeigen,
wie ernst man die Sache nahm. Man muss sagen', dieser
Augenblick war von welthistorischer Bedeutung. Von der
Sicherung der englischen Thronfolge hing die Ruhe und Sicherheit des europäischen Westens ab. Jetzt schwoll im Norden
und Osten eine gewaltige Macht heran; auf dem westlichen
Continent war das Uebergewicht Frankreichs wieder im Steigen.
Kurz, das Haus Hannover, besonders die Kurfürstin Sophia
sollte das Geschick der Welt bestimmen. Offenbar hatten die
Unterredungen mit Wilhelm III. in Holland diese Verhältnisse
im Ange gehabt. Der Hauptgrund für die Annahme war daher
der, dass man sich der Nachwelt wegen in die Stellung fügte;
man wollte sich später nichts vorzuwerfen haben.

Ein zweiter Grund für die Annahme bestand in den
augenblicklich für die Succession günstigen Verhältnissen,
welche die spanische Erbfolgefrage herbeigeführt; eine Rege-

---

[1]) Klopp a. a. O. S. 227. [2]) Considérations etc. bei Klopp
a. a. O. S. 227 ff.

lung ganz in dem Sinne des Erbrechts war zu erwarten, da
die Lage der Dinge eine Pression auf das Parlament ausübte.

Die obige Denkschrift ist mit der blossen Annahme nicht
zufrieden; sie will auch noch, dass man in England agitire; dass
ein Vertrauensmann hingesandt werde oder dass man direkt
dem Könige schreibe und Kenntniss nehme von der Gelegenheit, wann oder wie es passend sein werde, dass man handle.

Es ist nicht notwendig die verschiedenen Gründe anzu-
führen, die Leibniz zur Rechtfertigung solcher Agitationen
angieht; der Zweck dabei ist, (il semble, qu' il faudra se mettre
en devoir de gagner encore les esprits opposés à la Cour)
pour soulager ce prince et pour diminuer la difficulté qu'il
pourroit trouver en tachant de faire nommer la Maison".

Dazu lässt sich aber die Kurfürstin nicht bringen; ihr
Stolz verbot es ihr, nun auch noch zu wirken für die Succession
bei Leuten, von denen sie die Krone verschmäht hatte. Welche
Verabredungen mochte sie ausserdem mit dem Könige in Holland getroffen haben; vielleicht hatte sie damals schon eventuell zugesagt?! Daher beschränkte sie sich darauf den König
um Rat zu fragen über das, was zu tun wäre.

Damit erhält der König die Gewissheit der Annahme.
Zugleich beauftragt Sophie alsdann Leibniz, Stepney [1] von ihrem
Entschluss zu benachrichtigen und wegen der Agitation um
seine Ansicht zu fragen.

Aber auch zu diesem Schritte, der ja eine Art „Handeln"
für ihre Rechte enthält, hat sie sich nur mit Mühe bestimmen
lassen. Leibniz schreibt über die ganze Sache:

„Die guten Diener der Kurfürstin und ihrer Familie haben
geglaubt, dass es gut wäre, wenn sie ein wenig mehr Neigung
für die Succession zeige, sowohl deshalb, weil die Umstände
günstig erscheinen, als auch damit sie sich nichts vorzuwerfen
habe, und damit die Engländer nicht vergessen, dass sie die
Enkelin des Königs Jakob I. sei, oder sich nicht einbilden, sie
habe aufgehört Engländerin zu sein in der Gesinnung, wie sie
es schon von Abstammung ist.

Und da sie unterrichtet ist von der Art und Weise, die

---

[1] Klopp, a. a. O. S. 240 ff.

ganz entgegengesetzt ist den Grundsätzen der Engländer und ihrer Kirche, in der man in Frankreich den Prinzen von Wales erzieht, so erscheint es ihr wenig wahrscheinlich, dass man sich demselben ergeben würde.

Man kann damit verbinden, dass verschiedene Leute, wie bemerkt worden ist, stillschweigend der Act of[1]) Settlement eine Auslegung geben, die nachteilig werden könnte auf die Dauer wenn man dabei bliebe.

Indessen beabsichtigt die Kurfürstin noch nicht den Anschein zu erwecken als handle sie, und was ich Ihnen hier melde, ist nur sehr wenigen Personen bekannt. Kein Engländer weiss darum als Mr. Cresset, der Gesandte des Königs. Ihre Nation liebt es Gerechtigkeit zu üben und zwar gern; aber wenn wir unter der Hand arbeiten liessen, um die Geister vorzubereiten sei es auf privatem Wege oder durch einige Pamphlete, die dazu geeignet wären; oder wenn man zu diesem Zwecke sich bemühte einige Personen zu gewinnen, besonders im Hause der Gemeinen, oder einige gute englische Federn, die dem Publikum beibringen könnten, was für seinen Geschmack wäre; dann glaube ich, könnte man nicht angeklagt werden Ihren Neigungen Gewalt angetan zu haben; im Gegenteil würde man nur das thun, was, wenn es nicht geschähe, von Ihrer Nation für schlecht gehalten würde.

Ich bitte Sie daher, mein Herr, mich Ihre Ansicht darüber wissen zu lassen und über die Stimmung der Geister die erscheinen werden auf einem Theater, wo die Versammlung Ihres neuen Parlamentes die Ouvertüre geben wird. Die Nachrichten werden um so viel merkwürdiger und wichtiger sein als dies Parlament das Geschick Europas entscheiden soll".

In einer Nachschrift meint Leibniz dann, es sei doch nach seiner Ansicht notwendig, dass von Hannover aus Jemand persönlich nach England gehe, als Reisender oder Tourist, um dort zu den bevorstehenden Wahlen zu agitiren. Er fügt hinzu, wenn es sich nur um Eifer und Sorgfalt handle, so würde er sich selbst vorschlagen und bitte Stepney dies der Kurfürstin zu unterbreiten, als wenn es von ihm selber komme.

---

[1]) Declaration of rights von 1689 ist gemeint.

Stepney antwortete vor der Hand nicht auf diesen Brief, sondern er handelte.

Am 22. Februar 1701 eröffnete der König sodann das Parlament mit den Worten: „Das grosse Unglück, welches durch den Tod des Herzogs von Gloucester über uns gekommen ist, legt uns die absolute Notwendigkeit auf, Sorge zu tragen für die Sicherung der Succession in der protestantischen Linie, nach mir und der Prinzessin Anna".

Nach dieser Ansprache des Königs sieht man ganz vom Agitiren ab in Hannover. Leibniz schreibt am 24. März 1701 an Stepney „man hielt es jetzt für das Beste den König und eine Nation so gründlicher und scharfsinniger Menschen handeln zu lassen", — aber man ist in Aufregung über die Verzögerung des Entschlusses des Parlaments.

Dieser Brief wird aber bereits gekreuzt von einem Schreiben Stepney's,[1] das am 21. März, am Tage vor der Beschlussfassung des Parlaments abgesandt ist.

Darin beschreibt er den Modus der Verhandlung des Parlamentes. „Nach einigen Verwickelungen der Debatte werden wir in den richtigen Kanal geleitet und zu der directen protestantischen Linie kommen, beginnend von Ew. kurfürstl. Hoheit als der Wurzel, und dann zum Kurfürsten und Kurprinzen. Hiervon bin ich so moralisch überzeugt, Madame, als dies überhaupt bei einer derartigen Angelegenheit möglich ist, welche abhängt von der Gesinnung und dem Willen von 513 Mitgliedern. Unser Glück ist, dass der grössere Teil von ihnen ehrlich und treu an den Interessen ihres Landes hangen und die, welche anders denken, werden uns ihren bösen Willen aufdecken".

Am 1. Mai 1701 erhält Leibniz noch eine Antwort von Stepney auf seine beiden Briefe aus Wien, wohin Wilhelm III. ihn gesandt der spanischen Frage wegen. Darin sagt er unter Anderem: „Die englische Nation war so sehr geneigt zu der Succession, bei der Empfehlung des Königs, dass Pamphlete, um die Geister vorzubereiten oder talentvolle Männer, um die Angelegenheit in Fluss zu bringen, nicht nötig waren.

[1] Klopp a. a. O. S. 245 und Einleitung S. LIIIf.

Sonst bin ich überzeugt, dass man keine fähigere Person dazu hätte finden können, als Sie, mein Herr".

Allerdings war die englische Nation geneigt das Erbrecht anzuerkennen, aber der Preis, den das Fürstentum dafür zahlte, war auch ein sehr bedeutender.

„Die[1]) Commons schlossen das persönliche Regiment so viel irgend möglich aus: sie nahmen vollkommener als je, die Repräsentation der nationalen Selbständigkeit für das Parlament in Besitz. Die Regierung sollte aller fremden Elemente auf immer entledigt und an die altherkömmlichen Formen gebunden werden: sie sollte keinerlei Einfluss auf die Zusammensetzung des Parlamentes ausüben können; von dessen Ermessen sollten die neuen Beziehungen, in die man träte, abhängen; der Richterstand sollte dem Parlament unterworfen, aber unabhängig von dem König sein, die episcopalistische Kirche ward als die nationale bezeichnet, welcher der neue Fürst unbedingt angehören müsse; er sollte sich ohne die Erlaubniss des Parlamentes selbst nicht aus dem Lande entfernen dürfen. Zusammengenommen mit alle dem, was bei dem Settlement[2]) und dann während Wilhelms Regierung mit dessen Willen oder gegen denselben festgesetzt worden war, bildeten diese Festsetzungen gleichsam die Vollendung der parlamentarischen Constitution, wie man sie im Sinne hatte".

Am 12. Juni 1701 sanctionirte König Wilhelm die Acte. Am 15. August überbrachte Lord Macclesfield dieselbe, von einem grossen Gefolge von Engländern begleitet und mit ausserordentlicher[3]) Pracht empfangen, nach Hannover. —

Mit der Erzählung dieses Ereignisses, der formellen Anerkennung des englischen Erbfolgegesetzes durch das Haus Hannover, dürfte die vorliegende Untersuchung ihren Abschluss erreicht haben. Sie lässt sich im Wesentlichen bezeichnen als

---

[1]) Ranke 20, S. 230. [2]) Die declaration of rights 1689 ist gemeint. [3]) Theatrum Europaeum XVI, 192 v. Malortie, der hannoversche Hof unter Ernst August und Sophie S. 131f. Eine Medaille, welche man zum Andenken an dieses Ereigniss schlagen liess, zeigt auf dem Avers das Brustbild der Kurfürstin Sophia, auf dem Revers dasjenige der oben genannten Herzogin Mathilde, der Tochter Heinrichs II. von England, der Gemahlin Heinrichs des Löwen. cf. Rehtmeier, Braunschweigische Chronik, III, S. 1752.

ein Protest gegen das von Dr. O. Klopp eingeleitete Verfahren kritischer Geschichtsforschung und als ein Versuch die auf die Succession des Hauses Hannover in England bezüglichen Tatsachen nach ihrer innern Wahrheit zusammenzustellen.

Das Resultat mag dahin zusammengefasst werden: Als nach dem selbstverschuldeten Sturze der Stuarts an das Haus Hannover die Aussicht herantrat, dereinst die englische Königskrone tragen zu sollen, empfanden weder die Herzogin Sophia noch ihr Gatte und Sohn die Skrupel, welche Dr. O. Klopp ihnen imputirt, vielmehr verfocht diese Fürstin mit aller Energie die Rechte, welche sie durch die declaration of rights für sich und ihr Haus erlangt hatte. Erst dann, als die politische Lage des Fürstentums Hannover in den letzten Jahren des 17ten Jahrhunderts mehr und mehr eine verwickelte wurde, als die ganze Schwierigkeit, Unsicherheit und Undankbarkeit der englischen Zustände während der Regierung Wilhelm's III. immer offenbarer ward, nahm das Haus Hannover eine reservirte Stellung ein, ohne jedoch eine gewisse geheime Agitation für seine Rechte aufzugeben. In Folge dessen erhielt die stolze Kurfürstin am Beginne des neuen Jahrhunderts, wo jene beiden grossen Kriege, der spanische Erbfolge- und der nordische Krieg, die ganz Europa in Mitleidenschaft zogen, ihren Anfang nahmen, die glänzende Genugtuung, dass König und Parlament von ihr erbitten mussten, was sie nun mit dem Hinweis auf die Not Europa's vor der Geschichte und Nachwelt gewähren konnte, durch ihre Zusage die Wiederaufrichtung einer erblichen Monarchie in England, den Anbeginn stabiler Verhältnisse der europäischen Staaten zu einander.

Licera.

Es wird im Laufe der Untersuchung die Erwähnung einer Denkschrift aufgefallen sein, durch die Leibniz bewogen sei die Angelegenheit der Succession aufs Neue anzuregen. Schon an jener Stelle (S. 88) war bemerkt, dass diese Denkschrift zu der ganzen Frage in sehr loser Beziehung stehe.

Es mag an dieser Stelle der Versuch gewagt sein kurz zu erörtern, was für eine Bedeutung diese Denkschrift habe, welche den Vorschlag macht nach dem Tode des Königs Wilhelm sich durch einen Staatsstreich der englischen Staatsgewalt zu bemächtigen.

Die Ueberschrift[1]) heisst:

„Moyens dont Madame l'Electrice se peut servir pour faire valoir son droit sur la couronne d'Angleterre.

Traduit de l'Anglais du chevalier Fraiser. L. (Leibniz).

Es sind friedliche und kriegerische Mittel, die darin angegeben werden. Leibniz hat über diese Schrift eine Art Gutachten „Reflexions sur", verfasst, worin er die friedlichen Mittel anerkennt. Sieht man genauer zu, so ergiebt sich, dass es hauptsächlich diejenigen sind, zu deren Anwendung er die Kurfürstin im Januar 1701 hat überreden wollen; die Sendung eines geschickten Agitators nach England und Agitationen auf das Parlament. Es scheint demnach, dass Leibniz durch diese „Moyens"

---

[1]) Klopp, a. a. O. S. 215 ff.

von der Notwendigkeit einer solchen Massregel überzeugt worden war.

Die kriegerischen Mittel übergeht er, „sie liegen noch in weiter Ferne".

Es sind deren folgende:

4) „Man muss die Gunst des gegenwärtigen Königs benutzen so viel als möglich, um durchzusetzen, dass, im Falle Gott ihn zu sich ruft, die Armee, die Flotte und der Schatz in der Macht derjenigen seien, die von der Partei der Kurfürstin sein werden, da dies die drei grossen Hülfsmittel sind, welche die Dinge in Tätigkeit setzen, — und die ohne diesen Umstand in die Hände der Republikaner fallen könnten.

8) Jeder Anspruch, so gut und so gerecht er aber auch sein kann, nutzt zu nichts, wenn er nicht durch die Macht unterstützt wird. 10,000 Mann gut disciplinirter Truppen mit dem, was sich noch damit verbinden könnte, werden genügen die Sache ebenso wirkungsvoll zu machen als sie gut begründet ist, um die Succession in den legitimen Kanal der Gerechtigkeit fliessen zu lassen, aus dem einige unternehmende Geister wohl Willens wären ihren Curs abzulenken nicht für das Wohl des Königsreiches und Vaterlandes, um das sich Leute, deren man unter ihnen nur zu viele findet, die nämlich jede Art von Unordnung herbeizuführen suchen, nicht so viel Mühe geben als vielmehr zu Gunsten ihrer eigenen Interessen.

9) Man darf durchaus kein Geld schonen, um sich zu gehöriger Zeit der Gouverneure von Portsmouth, Hull und Harwich zu versichern, Plätze welche die stärksten im Königreiche sind, und am geeignetsten Unruhen und bürgerliche Zwiste zu verhindern vermögen.

10) Da das Land des Kurfürsten von Hannover während der Abwesenheit seiner Streitkräfte könnte angegriffen werden, muss man sich gegen derartige Angriffe sichern durch geheime Verträge, die man schliessen muss mit benachbarten Fürsten, um sie zu veranlassen, eine bestimmte Anzahl Truppen zu Hülfe zu senden, die bereit sein müssen, sobald die von Hannover sich auf die genannte Expedition begeben werden."

Es sind das Vorschläge, die zu einer Invasion nach England auffordern beim Ableben des Königs, Anträge der delikatesten Art für das Haus Hannover deren Bekanntwerden zum grössten Nachteil gereichen konnte.

Woher stammen dieselben? Die Whigs haben allerdings daran gedacht [1] Anna vom Thron auszuschliessen und sogleich das Haus Hannover zu berufen. Vielleicht giebt die Person des Ueberbringers Auskunft? Es ist der Chevalier Fraiser, ein Schotte, von dem wir in späteren Jahren erfahren, dass er ein Agent, ein Industrieritter [2] war, den man zu solchen Diensten gebrauchen konnte, wenn man ihn bezahlte.

Man denkt in Folge dessen an eine politische Schwindelei, wie ja die publicistische Literatur dieser Zeit reich ist an solchen falschen Aktenstücken.

Es scheint jedoch Leibniz selbst an einer anderen Stelle auf die richtige Spur zu führen.

In der Nachschrift zu dem Briefe an Stepney vom 18. Januar 1701 sagt er: „Je voy que des gens de votre pays tachent de s'y intriguer, et de s'approprier toute la negotiation, parce qu'ils croyent voir quelque apparence de succès, et esperent de faire leurs affaires; mais outre qu'ils proposent des choses qui me paroissent prematureès, j'ay crû qu'on doit estre fort circumspect quand il s'agit de se confier à quelqu'un sur des matières de cette nature, et par la preference qu'on donne aux uns sans de grandes raisons, on offense tous les autres."

Es gesteht nämlich Leibniz mit diesen Worten, dass am hannoverschen Hofe, von Engländern intrigirt wird; diese Leute suchen Einfluss auf die leitenden Kreise zu gewinnen; sie schlagen Dinge vor, die Leibniz noch nicht an der Zeit erachtet, ausgeführt zu werden, und denen gegenüber als Materien von grosser Bedeutung er grosse Vorsicht für geboten hält.

Nun vergleiche man, was Leibniz über die in unserer Denkschrift vorgeschlagenen Mittel äussert; er übergeht sie in seinem Gutachten „weil sie noch in zu weiter Ferne liegen."

Man hat keinen Grund, zu bezweifeln, dass mit jenen Intriganten dieselben Personen gemeint sind, welche diese Mittel in Vorschlag gebracht haben.

---

[1] Ranke 21. 8. 8. u. v. Noorden, a. a. O. 1 1. 8. 189 f. [2] Klopp, a. a. O. S. 378 f.

Der Schaumann'sche oben erwähnte Artikel und die Geschichte der Zeit berichten, dass seit dem Jahre 1689 sehr häufig Engländer an den hannoverschen Hof gekommen sind und sich länger dort aufgehalten haben. Es frägt sich, konnte einer politischen Partei ein Umsturz der bestehenden Verfassung Nutzen bringen? konnte er ihre, der Siegerin, Herrschaft herbeiführen? Das ganze 17. Jahrhundert mit seiner Rebellion und glorreichen Revolution belehrt uns, dass der Grundbau der englischen Verfassung zu fest gefügt war, als dass nicht dem gewaltsamen Umsturz eine totale Reaction gefolgt wäre.

Eine andere Frage ist die, ob eine einzelne Persönlichkeit an der Spitze eines Heeres nach Umsturz der englischen Verfassung als Oberhaupt des Staates, nach dem Vorbilde Cromwells etwa, sich hätte behaupten können. Jedenfalls war es lockend, in dieser Zeit der Wirren einen solchen Versuch zu wagen.

Aber welche Persönlichkeit konnte das Wagniss unternehmen, die Kühnheit besitzen solche hochverräterischen Pläne einzuleiten, die ausserdem eine gewisse kriegerische Erfahrung zeigen? Nach unserer Ansicht konnte dies nur ein Mann versuchen, der schon mehr als ein Mal eine zweideutige Rolle im englischen Staatsleben gespielt hatte und spielen sollte, der in diesen Jahren eng mit den Gliedern der königlichen Familie verbunden, der Gouverneur des Herzogs von Gloncester gewesen war und das unbedingte Vertrauen Wilhelms III. genoss. Am 4. Februar 1712 schrieb[1]) Elisabeth Charlotte von Orleans der Kurfürstin Sophia dass die Königin Anna dem Herzog von Marlborough überweisen könnte, dass er sie habe vom Throne stossen und sich zum Protector machen wollen wie Oliver Cromwell.

Aus obiger Denkschrift scheint nun zu erhellen, dass Marlborough hier zuerst mit dem Hause Hannover angeknüpft, dass er beabsichtigt hat durch diesen Staatsstreich den hannoverschen Kurfürsten auf den englischen Thron zu setzen, um dann als sein erster Ratgeber ihn zu lenken; er mochte wohl wissen, dass Georg Ludwig eher zu einem Staatsstreiche geneigt gewesen wäre als zu einer Unterordnung unter die Bedingungen des Parlamentes.

---

[1]) cf. Leibniz von Klopp; 8 Einleitung S. LXVI.

Es liegt ausserhalb unserer Aufgabe in eine specielle Untersuchung dieser Intrigue einzugeben. Dass Marlborough allerdings einen Staatsstreich geplant hat, wenn auch erst in späterer Zeit, bestätigt uns eine merkwürdige Denkschrift von 1705, welche Droysen, Preussische Politik 4 S. 238 ff. veröffentlicht hat. Ihr Titel heisst „Derniers conseils ou testament politique d'un ministre de l'Empereur Leópold I. en 1705".

„Dies[1]) Testament enthält nicht blos die vollste Sachkenntniss des bis dahin Geschehenen; es giebt eine Reihe von Rathschlägen, die in der That nach kürzerer oder längerer Zeit ausgeführt worden sind; es stellt ein System der österreichischen Politik auf, das die nächsten drei Jahrzehnte hindurch in der That das Wiener Cabinet in immer neuen Wendungen zu verwirklichen beflissen ist. Eine solche Conception scheint einen alten treuen Diener des Kaiserhauses, wie sich der Verfasser mehrfach nennt, einen in die arcana Imperii tief eingeweihten Vertrauten erkennen zu lassen".

Da nun die ganze Successionsfrage, besonders auch das Verhältnis der österreichischen Politik zu der des Hauses Hannover vom Standpunkte des kaiserlichen Cabinettes beleuchtet wird, mag ein kurzer Auszug aus der Denkschrift unsere Arbeit beschliessen.

V. „Betrachten wir den gegenwärtigen Zustand des Reiches, da wir flüchtig den von Europa geprüft haben, und Sie werden sehen, dass das Reich in einer so günstigen Situation ist, als Sie es wünschen können, um das grosse Werk zu unternehmen, das seit langer Zeit Ew. geheiligte Majestät Sich vorgenommen haben. Wenn Sie von dieser Situation nicht mit Sorgfalt Nutzen ziehen, wird sich eine ähnliche so bald nicht wieder bieten.

Es ist keine wahre Einheit unter den Gliedern des Reiches. Das gemeinsame Interesse ist unbekannt; man achtet es nicht; man weiss nicht, was es ist, worin es besteht, noch welche notwendige Verbindung es mit dem Glücke des Einzelnen hat. Jeder geht seine besonderen Wege; jeder verfolgt sie und ist

---

[1]) Droysen, a. a. O.

nur bestrebt, sich über seinen Nachbar zu erheben, ohne daran
zu denken, was man sonst das allgemeine Wohl nennt. Wun-
derbare Wirkung Ihrer verständigen Leitung; Ihre Mässigkeit
hat alles Mistrauen eingeschläfert; Ihre Milde hat alle Geister
entzückt, Ihre Liebenswürdigkeit alle Herzen an sich gezogen.
Ihre Politik hat sie gespalten und gegen einander gehetzt.

Die Fürsten haben keine wirkliche Correspondenz mit
einander über Angelegenheiten des Reiches. Keiner von ihnen
kommt zur Reichsversammlung. Dort sieht man nur Juristen,
Subalternenbeamte, die nichts selbst vorzuschlagen wagen und
denen man keine Instruktionen gegen Sie giebt, weil man weiss,
dass Ihnen nicht entgeht wie man sie gewinnt und weil man
Ihnen mistraut.

Ew. geheiligte Majestät werden sehr gut tun niemals auf
diesem Reichstage zu erscheinen, Ihre Gegenwart würde die
Fürsten dorthin ziehen. Und sobald sie sich sehen, ihre Kräfte
betrachten und sich encouragirt fühlen durch die grosse Zahl
und die Gegenwart der Einen oder Andern, so würde es zu
gefährden sein, dass ein Verwegener gefährliche Reflexionen
mache und sich Ligen bildeten, die man schwer auflösen
könnte: ein kleiner Funken entzündet oft einen grossen Brand.

Die Schrift geht dann auf die einzelnen Fürsten über.

VII. Ich spreche nicht vom Kurfürsten von Hannover.
Seine neue Dignité hat noch einige Festigkeit nötig, und diese
Notwendigkeit fesselt ihn unauflöslich an Sie. Sonst haben Sie
noch andre Mittel, um ihn schwach und unnützlich zu machen
für die Ketzer in Deutschland. Er schmachtet[1]) nach der englischen Krone für seinen Sohn. Der Herzog von Marlborough,
der in England diesem Anspruche nicht gewogen scheint, ver-
spricht im Lande Hannover ein gutes Gelingen desselben. Der
kühne Günstling der Königin Anna hat schon mehr als einmal
vorgeschlagen, alle Streitkräfte des kurfürstlichen Hauses nach
England transportiren zu lassen, indem er versicherte, dass

---

[1]) Ist wohl nicht ganz richtig; wir haben oben bereits von seiner
geringen Neigung gesprochen; nach Kemble p. 47 war die „Lauheit" des Kurfürsten eine Folge der schlechten Meinung, die er von
seinem Sohne hatte.

man mit dieser Hülfe den Prinzen von Hannover in den drei
Königreichen anerkennen würde. Er hat angeboten die Truppen
durch die englischen Flotten übersetzen zu lassen, auf denen
er die meisten alten Commandanten aus ihren Stellen schaffen
würde, damit alle zu seiner Verfügung ständen.

— — Marlborough ist ehrgeizig und kühn, er fasst nur
ausserordentliche Pläne. Das Glück vermehrt vielleicht seine
natürliche Kühnheit und macht ihn verwegen. Indes muss
man gestehen, dass der Plan, die hannoverschen Truppen nach
England überzusetzen, gar nichts so sehr Unkluges enthält.
Die Unternehmung des Prinzen von Oranien geschah mit weniger zahlreichen und kriegerischen[1]) Truppen als die des
Fürsten von Hannover sind, und mit einer weniger gefestigten
mächtigen Partei als der Marlboroughs; und doch hat der Prinz
von Oranien in kurzer Zeit diese grosse Revolution bewerk-
stelligt.

VIII. — — Der Herzog von Marlborough beherrscht
England; er ist der eigentliche Souverän unter dem Namen der
Königin Anna, deren Günstling er ist. Er muss fürchten,
dass diese ausgezeichnete Gunst durch ein kleines
Unglück auf den grossen Theatern aufgehoben
werde. Er ist versichert sich unter einem neuen
Königtum nicht halten zu können. Indem er sich
nun selbst das neue Königtum bildet oder ganz
die Verfassung Englands verändert, findet er nur
hierin ein Mittel sich eine der früheren eben-
bürtige Stellung zu verschaffen, welche ihn heute
das Glück in Europa einnehmen lässt.

— — Nie hat Cromwell eine annähernd so günstige Stellung gehabt. Besonders wird dazu die schwankende Situation
Europa's ihn ermutigen bald eine aussergewöhnliche Tat, sei
es für sich selbst oder für einen Nachfolger der Königin Anna
zu unternehmen.

Mag er nun dabei vernünftige Absichten haben oder sich

---

[1]) Ein Irrtum des Autors, da von den anerkannt tüchtigen Truppen
des Kurfürsten von Brandenburg verschiedene Truppenteile dabei
waren.

mit Chimären plagen, mag er den Fürsten von Hannover täuschen oder aufrichtig mit ihm handeln wollen; was liegt Ew. Majestät daran, wenn er nur die Streitkräfte Hannovers nach England zieht und Sie davon für lange Zeit befreit".